lonely planet

MI PRIMERA GUÍA DE NUEVA YORK

¡QUE EMPIECE LA AVENTURA!

por Alexa Ward

geoPlaneta
Av. Diagonal 662, 08034 Barcelona
www.geoplaneta.com www.lonelyplanet.es

Lonely Planet Global Limited
Lonely Planet Global Limited, Digital Depot,
The Digital Hub, Dublín D08 TCV4, Irlanda
www.lonelyplanet.com
Contacta con Lonely Planet en lonelyplanet.com/contact

Mi primera guía de Nueva York
1º edición en español – mayo del 2025
Traducción de *The Lonely Planet Kids Travel Guide of New York,* 1º edición – mayo del 2025

La colección Lonely Planet Kids Travel Guides se ha producido en colaboración con el WonderLab Group, LLC.
Gracias a nuestra especialista en la ciudad, Abigail Blasi, y a la editora Rose Davidson.

Editorial Planeta, S.A.
Av. Diagonal 662-664, 7º, 08034 Barcelona (España)
Con la autorización para la edición en español de Lonely Planet Global Ltd, A.B.N. 36 005 607 983, Lonely Planet Global Limited, Digital Depot, The Digital Hub, Dublín D08 TCV4, Irlanda

ISBN: 978-84-08-29602-7
Depósito legal: B. 15.826-2024
Impreso en Malasia – *Printed in Malaysia*

lonely planet

MI PRIMERA GUÍA DE NUEVA YORK

¡QUE EMPIECE LA AVENTURA!

por Alexa Ward

SUMARIO

FOTO: vista aérea de Manhattan.

CÓMO USAR ESTE LIBRO

¿Buscas los postres más deliciosos o te chifla la naturaleza urbana? Quizá quieras visitar algunos lugares para jugar o descubrir la historia y los misterios de la ciudad. O, tal vez, todo ello. Cada capítulo está dedicado a un tema. Puedes leer la guía de principio a fin o ir leyendo los capítulos que te interesen. No olvides examinar cada página en busca de lugares, personas, datos curiosos y mucho más. Aquí tienes algunos de los aspectos más destacados de esta guía.

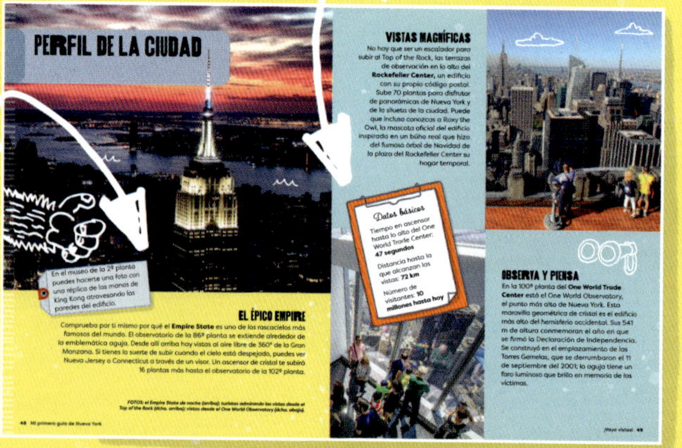

PERFIL DE LA CIUDAD

En el museo de la 2ª planta puedes hacerte una foto con una réplica de las manos de King Kong atravesando las paredes del edificio.

EL ÉPICO EMPIRE

Comprueba por ti mismo por qué el **Empire State** es uno de los rascacielos más famosos del mundo. El observatorio de la 86ª planta se extiende alrededor de la emblemática aguja. Desde allí arriba hay vistas al aire libre de 360° de la Gran Manzana. Si tienes la suerte de subir cuando el cielo está despejado, puedes ver Nueva Jersey o Connecticut a través de un visor. Un ascensor de cristal te subirá 16 plantas más hasta el observatorio de la 102ª planta.

FOTOS: el Empire State de noche (arriba); turistas admirando las vistas desde el Top of the Rock (dcha. arriba); vistas desde el One World Observatory (dcha. abajo).

48 Mi primera guía de Nueva York

VISTAS MAGNÍFICAS

No hay que ser un escalador para subir al Top of the Rock, las terrazas de observación en lo alto del **Rockefeller Center,** un edificio con su propio código postal. Sube 70 plantas para disfrutar de panorámicas de Nueva York y de la silueta de la ciudad. Puede que incluso conozcas a Roxy the Owl, la mascota oficial del edificio inspirada en un búho real que hizo del famoso árbol de Navidad de la plaza del Rockefeller Center su hogar temporal.

Datos básicos

Tiempo en ascensor hasta lo alto del One World Trade Center: **47 segundos**

Distancia hasta la que alcanzan las vistas: **72 km**

Número de visitantes: **10 millones hasta hoy**

OBSERVA Y PIENSA

En la 100ª planta del **One World Trade Center** está el One World Observatory, el punto más alto de Nueva York. Esta maravilla geométrica de cristal es el edificio más alto del hemisferio occidental. Sus 541 m de altura conmemoran el año en que se firmó la Declaración de Independencia. Se construyó en el emplazamiento de las Torres Gemelas, que se derrumbaron el 11 de septiembre del 2001; la aguja tiene un faro luminoso que brilla en memoria de las víctimas.

¡Vaya vistas! 49

¿Te gusta recopilar datos y estadísticas?

Fíjate en estos apartados.

Aquí tienes la traducción de unas cuantas palabras y expresiones que encontrarás en esta guía.

Hello - Hola
Let's go! - ¡Vamos!
That's fun! - ¡Qué divertido!
Thank you! - ¡Gracias!
Goodbye - Adiós

¿Qué hace que esta ciudad sea tan inspiradora?

Consulta “Todos a Broadway” en pp. 70-81 o “Caleidoscopio cultural” en pp. 82-93.

EL AÑO EN FIESTAS

APÚNTATE EL MES
El **Festival de Primavera,** también llamado Año Nuevo lunar o chino, se basa en el antiguo calendario chino y está marcado por los animales del zodiaco. Se celebra durante todo un mes. En febrero, no resulta raro ver decoraciones y sobres rojos tradicionales por los cinco distritos. El jardín botánico de Queens acoge un espectáculo de danza del león, y el desfile de Chinatown incluye la danza del dragón, elaborados disfraces, casetas y un concurso de talentos.

Datos básicos
Primer desfile: **1958**
Medio de espectadores: **1 millón**
Comunidad puertorriqueña de Nueva York: **más de 1 millón de personas**

¡PUERTO RICO MOLA!
Cada junio, el **desfile del Día Nacional de Puerto Rico** recorre la Quinta Avenida en Manhattan en honor a los puertorriqueños y su rico patrimonio. Considerado el desfile cultural más grande del país, comprende ondeantes banderas, coloridas carrozas y animada música por todas partes. Y no te pierdas el **Festival Cultural de la Calle 152,** en el Bronx, con actuaciones musicales, baile, pintura de caras y mucha diversión.

FOTOS: dragones chinos en el Festival de Primavera (arriba); participantes del desfile del Día Nacional de Puerto Rico (izda.); gente celebrando el Orgullo (dcha. arriba); corredores de la Maratón de Nueva York (dcha. abajo).

CORRE POR LA CIUDAD
Hace 50 años, la **Maratón de Nueva York** era una modesta carrera celebrada en Central Park; hoy es la maratón más grande del mundo: cada año atrae a miles de atletas internacionales, sin mencionar al variado público que bordea las calles de la ciudad para animar a los competidores. Los valerosos corredores tienen como único objetivo completar los 42,2 km de la carrera a través de los cinco distritos. Preparados, listos, ¡ya!

MUESTRA TU ORGULLO
En junio, Nueva York se echa a la calle para celebrar el **desfile del Orgullo,** una inspiración para personas LGTBIQA+ de todas las culturas, edades y razas, además de una manifestación por los derechos civiles. El primero se celebró en 1970 en respuesta a los disturbios de Stonewall en Greenwich Village en 1969. Hoy, una animada, valiente y radical colección de participantes se reúne para honrar a la comunidad LGTBIQA+ y trabajar por un futuro sin discriminación.

Datos básicos
Corredores que llegaron a la meta en 1970: **55**
Corredores que llegaron a la meta en el 2023: **51 453**
Tiempo medio de carrera: **4.39.47 h**
Mejor tiempo de carrera: **2.04.58 h**

TESOROS ESCONDIDOS

SUSÚRRAME
Si ves a alguien mirando una esquina en la planta baja de Grand Central Terminal, quizá esté usando la **Galería de los Susurros.** Los arcos alicatados provocan un truco acústico mágico: si dos personas susurran en esquinas opuestas, pueden oírse entre ellas a través de la sala abovedada como si estuvieran una al lado de la otra. Pruébalo con un amigo o familiar.

El fundador del *New York Herald* quería que lo enterraran en una tumba en forma de búho de 61 m de altura.

MIRADA MISTERIOSA
Al anochecer, dirígete al lado norte de **Herald Square,** donde dos búhos de bronce con brillantes ojos verdes coronan un alto monumento. Estas inquietantes criaturas antaño adornaban el edificio del periódico *New York Herald,* cuyo fundador era un amante de los búhos. Sus ojos verdes llevan brillando más de 100 años. Muchos neoyorquinos pasan junto a ellos sin mirarles.

EL REFUGIO PERFECTO
6½ Avenue es una calle secreta entre la Sexta y la Séptima Avenidas, y la única de Nueva York con un número fraccionario. Discurre desde West 57th St hasta West 51st St y es peatonal. Entrar en este pequeño pasaje es como encontrar un atajo secreto a un lugar totalmente nuevo. Puedes tomar un bocado mientras lo recorres y, si llueve, es ideal para refugiarse, pues en su mayor parte está cubierto. Hay más de 500 espacios secretos similares por toda la ciudad.

¿DÓNDE ESTÁ EL MAGO?
El **Wizard of Park Avenue** es uno de los tesoros más pequeños de la Gran Manzana. En 32nd St con Park Avenue, desde un trono en un reloj, un mago con túnica lanza un hechizo mientras mueve su varita. El reloj de hierro forjado está en un edificio donde había un importador de seda: fíjate bien para encontrar las tallas de capullos y gusanos. El Reloj de la Seda, creado en 1926, es una de las pequeñas maravillas de Nueva York.

FOTOS: 6½ Avenue (arriba); vista lateral del Wizard of Park Avenue (dcha.); el emblemático Oyster Bar & Restaurant en Grand Central Terminal (izda. arriba); búho de bronce en Herald Square (izda. abajo).

¿Tienes curiosidad por conocer los lugares más raros, extravagantes y desconocidos?

Lee “Secretos de la ciudad” en pp. 118-129.

¿Necesitas hacer algo mientras esperas un tren, autobús, avión o taxi?

Diviértete con “Encuentra las diferencias” en pp. 130-133.

ENCUENTRA LAS DIFERENCIAS
Times Square es un sitio muy ajetreado. ¿Puedes encontrar las cinco diferencias entre estas dos imágenes? La solución, en la p. 140.

¡BIENVENIDOS A NUEVA YORK!

Imagínate esto:
rascacielos que atraviesan las nubes, ajetreadas calles ¡y una ciudad que nunca duerme! ¡Así es Nueva York, un lugar lleno de increíbles aventuras! En medio de Times Square, enormes carteles luminosos iluminan las calles como si se tratara de fuegos artificiales. El emblemático Empire State ofrece fantásticas vistas de toda la ciudad. En medio del agua, la Estatua de la Libertad domina la bahía de Nueva York. Y el extenso Central Park es ideal para jugar. Pero esta guía no solo trata de lo habitual: también está llena de datos interesantes, estadísticas fascinantes e información que te dejará con la boca abierta. ¡Vamos!

FOTO: la Estatua de la Libertad con Nueva York al fondo.

DIVIÉRTETE COMIENDO
¿Te apetece un tentempié o un dulce? En Nueva York puedes encontrar comida de casi cualquier parte del mundo. Prueba el *fufu* de África occidental, los *pierogi* polacos, el *sashimi* japonés y los tostones puertorriqueños, o compra productos locales frescos en uno de los muchos mercadillos agrícolas. Al fin y al cabo, ¡esto es la Gran Manzana!

PARA ORIENTARTE

¡Hay tanto que ver en Nueva York! Consulta este mapa en el que se destacan algunos lugares populares que aparecen en esta guía.

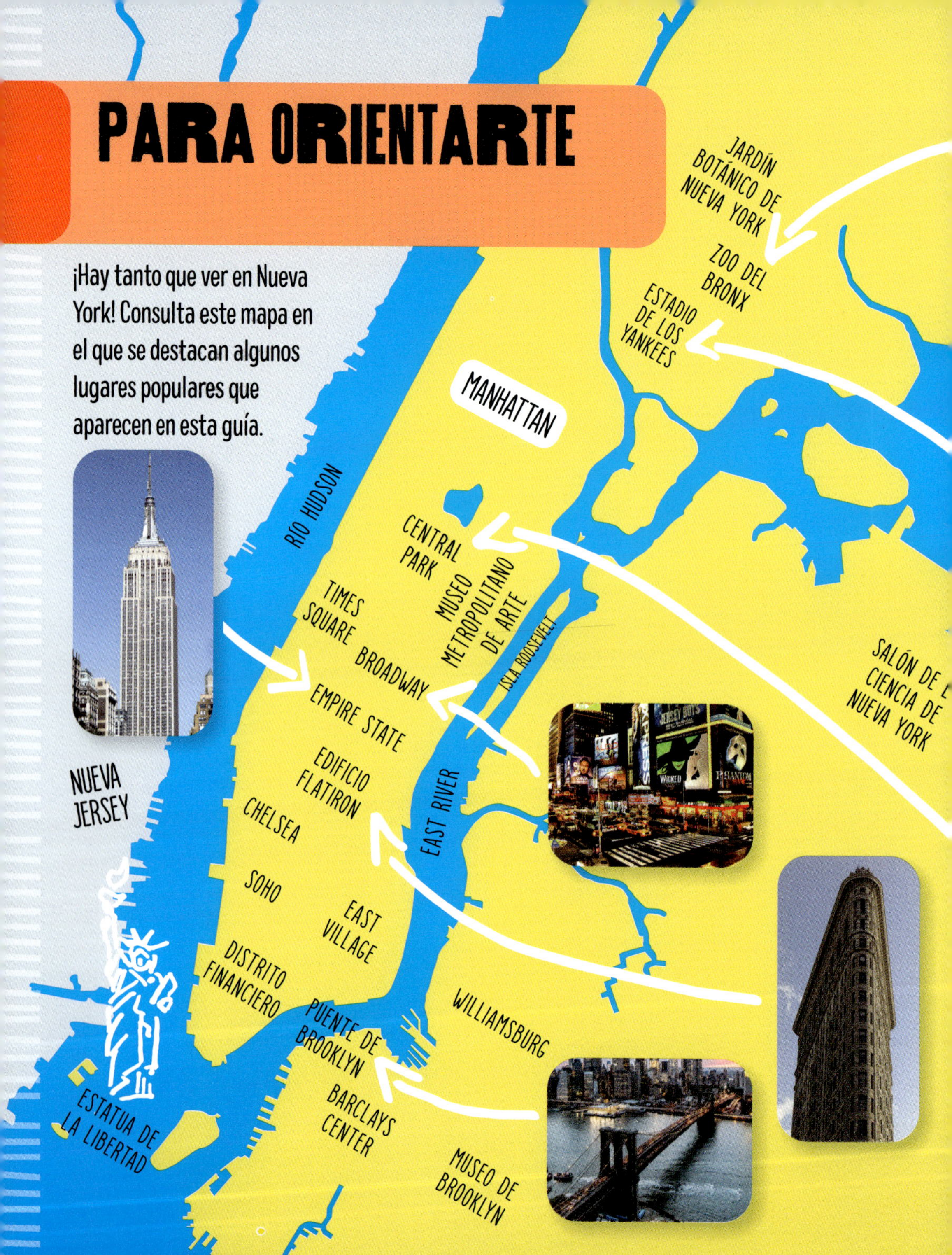

CANADÁ
VERMONT
LAGO ONTARIO
NEW HAMPSHIRE
ESTADO DE NUEVA YORK
MASSACHUSETTS
PENSILVANIA
CONNECTICUT
NUEVA JERSEY
LONG ISLAND
Ciudad de Nueva York

DISTRITOS AJETREADOS

Cuando se menciona Nueva York, casi toda la gente piensa en Manhattan. Pero ese es solo uno de los cinco distritos que componen esta ajetreada ciudad. Aquí tienes más información sobre los otros cuatro.

Cada uno de los cinco distritos tiene su propio presidente.

BROOKLYN

También conocido como Kings County (condado de los Reyes), es el rey y el que tiene mayor población. Sus barrios históricamente negros, como Weeksville, Crown Heights y Bed-Stuy, son una parte importante de la historia de Nueva York.

QUEENS

Al este de Manhattan y al otro lado del río, es el distrito más grande de la ciudad. Es considerado el condado con mayor diversidad étnica de EE UU y la zona urbana con mayor diversidad cultural del mundo.

STATEN ISLAND

El distrito más meridional de Nueva York es una isla y un mosaico de frondosos parques, barrios suburbanos, zonas históricas con casas victorianas y un larguísimo paseo marítimo entarimado.

¡A SUBIR!

El Bronx cuenta con más de 60 "calles escalonadas". Estas escaleras exteriores permiten abrirse camino a través de las muchas colinas del distrito. La más extensa, en West 230th Street, mide 90 m de largo y 11,6 m de altura, combina tres tramos de escalones y conecta cuatro avenidas.

EL BRONX

El distrito más septentrional es el único conectado con territorio continental. Es muy residencial, con florecientes comunidades negras y latinas. Alberga joyas como el estadio de los Yankees, el zoo del Bronx y el parque Pelham Bay, el más grande de la ciudad.

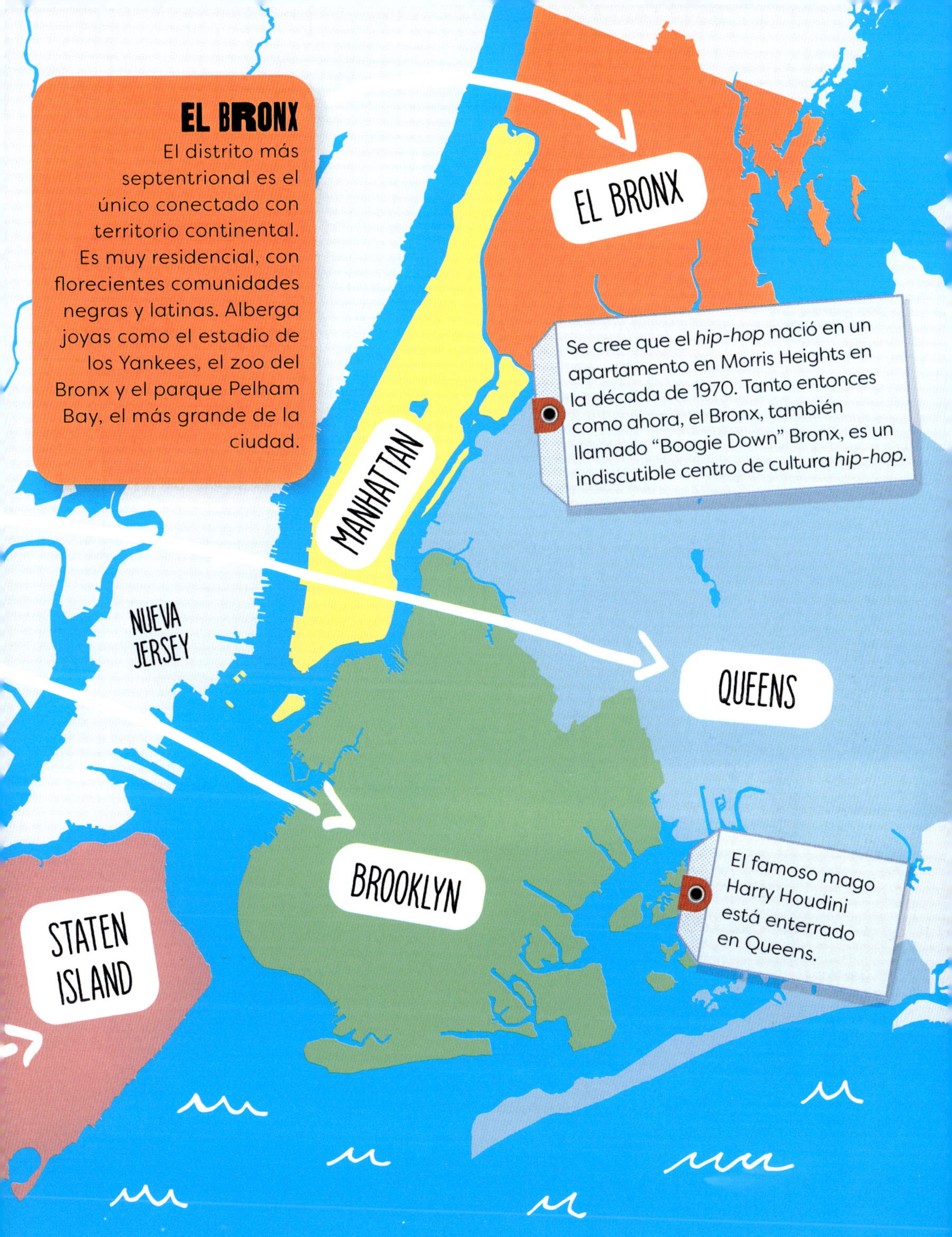

Se cree que el *hip-hop* nació en un apartamento en Morris Heights en la década de 1970. Tanto entonces como ahora, el Bronx, también llamado "Boogie Down" Bronx, es un indiscutible centro de cultura *hip-hop*.

El famoso mago Harry Houdini está enterrado en Queens.

CONOCE EL METRO

Con 25 líneas y más de 470 estaciones, el metro de Nueva York, el más grande de EE UU, es una de las mejores formas de desplazarse por la ciudad. ¡Cientos de kilómetros de vías llevan a los viajeros a todas partes!

Datos básicos

Longitud total de vías:
1070 km

Viajeros diarios:
más de 3 millones

Estación más concurrida:
Times Square

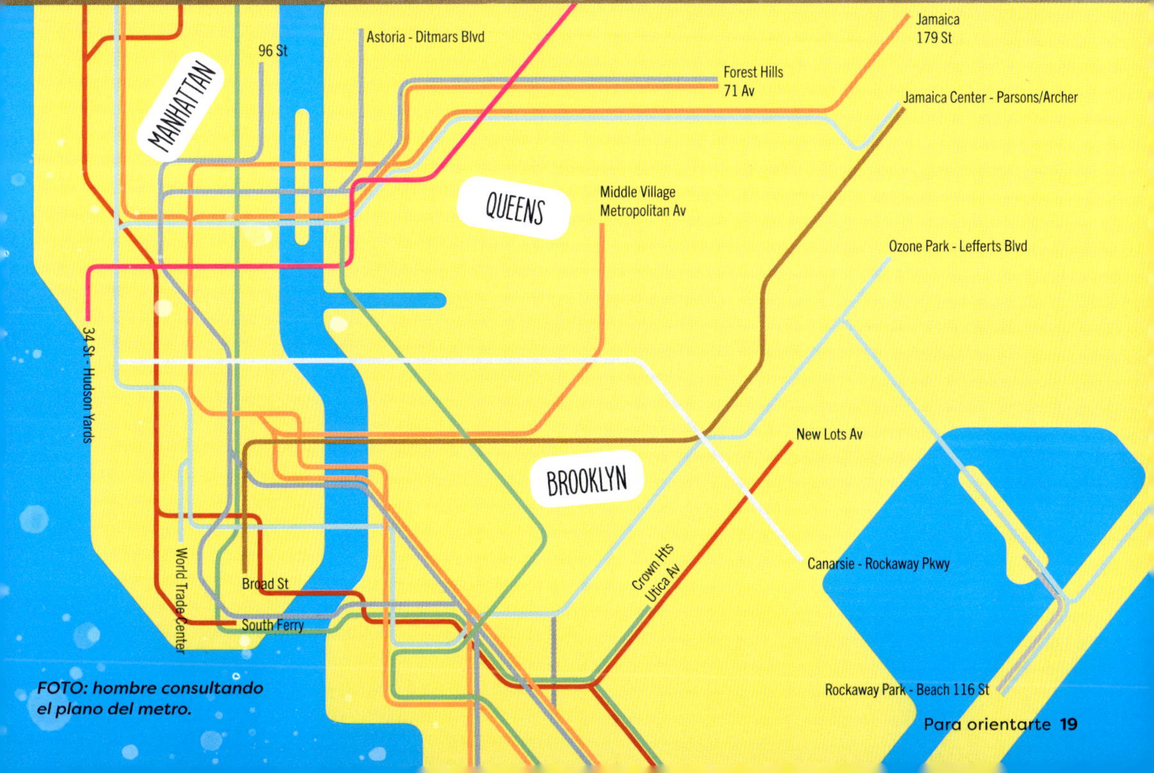

FOTO: hombre consultando el plano del metro.

CÓMO MOVERTE POR LA CIUDAD

FOTO: flota de taxis amarillos en medio del denso tráfico.

POR EL AGUA

MONTA EN EL FERRI NARANJA

La gente de Nueva York y sus alrededores se desplaza de muchas formas distintas, y una muy popular es en barco. El ferri de Staten Island transporta pasajeros por la bahía de Nueva York entre Manhattan y Staten Island desde hace más de 200 años. Actualmente, los barcos son naranjas para destacar entre la niebla y la nieve. Móntate en el ferri (¡es gratis!) y disfruta de estupendas vistas de la Estatua de la Libertad y la silueta de la ciudad. El ferri, igual que la ciudad, nunca duerme: funciona 24 h al día, 365 días al año.

Datos básicos

Longitud de la ruta de ferri: **8,4 km**

Longitud de los ferris: **95 m**

Número de pasajeros anuales: **15 millones**

En la década de 1640, Cornelius Dircksen fue el primero en transportar pasajeros entre Brooklyn y Manhattan ¡con su canoa!

LOS FERRIS DE STATEN ISLAND

Cinco barcos componen la flota de ferris de Staten Island. Hacen casi 600 viajes de lunes a viernes y transportan 45 000 pasajeros. Durante el fin de semana, los ferris hacen unos 200 viajes. Cada trayecto de la ruta, de 8,4 km, tarda 30 min en recorrerse. En un año, toda la flota va y viene unas 50 000 veces, lo que equivale a dar la vuelta al mundo 17 veces.

***FOTOS:** taxi acuático amarillo de Nueva York (izda.); el emblemático ferri de Staten Island (arriba).*

POR TIERRA

La línea de autobús S78 en Staten Island, la más larga de la ciudad, tiene casi 32 km.

TOMA EL AUTOBÚS

La flota de autobuses urbanos de Nueva York, el sistema de transporte público más grande de América del Norte, consta de 5700 autobuses que recorren más de 200 rutas por los cinco distritos. El precio del billete se paga con tarjeta de metro, aplicación móvil o monedas. No se admiten billetes porque las mangueras gigantes de vacío que se usan para vaciar las cajas de cobro los destrozarían. Es una forma divertida de desplazarse: puedes ir viendo los puntos de interés de la ciudad mientras te diriges a tu destino.

***FOTOS:** autobús de Nueva York en Times Square (arriba); taxi amarillo delante de los teatros de Broadway (dcha. arriba); el sistema de bicis compartidas de la ciudad permite alquilar bicis en estaciones por toda la ciudad (dcha. abajo).*

PARA UN TAXI

Los taxis de Nueva York son reconocibles por su color amarillo. Son los únicos vehículos que pueden recoger a pasajeros en la calle y los aeropuertos. De media, un taxi recorre 112700 km anuales por las calles de la ciudad, lo que equivale a dar la vuelta al mundo casi tres veces.

Para una fácil identificación, todos los taxis de Nueva York deben ir pintados del emblemático color amarillo.

Datos básicos

Número de taxis: **más de 13 000**

Media de trayectos diarios en taxi: **de 90 000 a 100 000**

Neoyorquinos que suelen ir en bici: **más de 900 000**

A PEDALES

Ir en bicicleta es una forma muy popular y ecológica de desplazarse por esta jungla urbana, que cuenta con 2414 km de carriles-bici. Pero hay zonas más verdes por las que es más seguro y divertido montar en bici. Pelham Bay es el parque más grande de la ciudad, tres veces mayor que Central Park. Con 8 km de vías ciclistas que empiezan en el Bronx, es un lugar genial para pedalear.

TOMA EL METRO

Lo que hace que la Gran Manzana nunca se pare es el metro. Muchos de los primeros metros de la ciudad iban por la superficie. Ahora, alrededor del 60% circula por vías eléctricas a través de túneles subterráneos.

Siempre hay mucho ajetreo en las estaciones: más de tres millones de personas toman el metro cada día y cada estación es un mundo. Las actuaciones de músicos y artistas callejeros resuenan por los andenes. Cientos de mosaicos plasman la cultura y la historia de la ciudad. Incluso hay estaciones abandonadas en los túneles; algunas tienen mucha historia, como la **Track 61,** bajo el hotel Waldorf Astoria, con una entrada secreta; o la ornamentada estación de **Old City Hall,** decorada con azulejos y lámparas de araña, que se puede visitar unas cuantas veces al año si se consigue una entrada.

Las estaciones de metro no son lo único que hay bajo las calles. Lo que era la estación de Court Street en el centro de Brooklyn ahora es el **Museo del Transporte Público,** que ofrece un viaje por más de 100 años de historia del transporte y permite visitar vagones antiguos.

FOTO: metro de la línea 7 entre Manhattan y Queens.

BAJO PRESIÓN

El primer sistema de metro de Nueva York, el Beach Pneumatic Transit, usaba la presión del aire para mover los vagones. Fuertes ráfagas de aire propulsadas por un enorme ventilador "empujaban" los vagones.

Si los 1070 km de vías del metro neoyorquino se pusieran en línea recta llegarían a Chicago.

A PIE

CALLES EN CUADRÍCULA

Olvida el transporte público y explora la ciudad como un neoyorquino: a pie. Manhattan se caracteriza por sus calles en cuadrícula. En 1811, los urbanistas organizaron la ciudad en filas de calles y avenidas numeradas. También es divertido perderse por los barrios anteriores a la cuadrícula de calles, como el **West Village** o el **Distrito Financiero.** Pasea por un barrio o disfruta de la vistas cruzando los principales puentes. En la ciudad no escasean las aceras: Nueva York cuenta con más de 19 300 km de aceras, ¡lo que casi equivale a la distancia desde Nueva York hasta Perth, en Australia!

***FOTOS:** transeúntes explorando el Lower East Side (arriba); la High Line en un día soleado (dcha. arriba); señalización de la Manhattan Waterfront Greenway (dcha. abajo).*

PASEA POR LA HIGH LINE

Algunos de los mejores lugares de la Gran Manzana solo pueden disfrutarse a pie. Uno de ellos es la **High Line,** un parque público de 2,3 km de longitud que era una línea de tren elevado. Ahora alberga más de 500 especies de plantas y árboles. Pintorescos miradores, magníficas obras de arte, pequeños conciertos y sabrosos tentempiés convergen en este puente verde con árboles y plantas que crecen entre las vías. ¡Aquí reina la naturaleza!

POR LA VÍA VERDE

Ve hasta la **Manhattan Waterfront Greenway,** una vía verde costera de 51 km dividida en tres secciones a lo largo del río Harlem, el río Hudson y el East River. La sección más larga, la Hudson River Greenway, incluye senderos peatonales, carriles-bici y muchos sitios para hacer un descanso. Cerca de 7000 ciclistas la usan cada día. ¡Es la vía ciclista más concurrida del país! Cada año, el único faro de Manhattan, el Little Red Lighthouse, en el Fort Washington Park, acoge un festival con lecturas de libros infantiles y música en directo para conmemorar este histórico faro rojo.

VIAJES INSÓLITOS

MONTA EN TELEFÉRICO

Disfruta de una aventura aérea con el **Roosevelt Island Tramway,** que conecta la isla Roosevelt, en el East River, con el Upper East Side de Manhattan. Mediante cables, el teleférico recorre 914 m sobre el río a una velocidad de hasta 27 km/h, ofreciendo emociones fuertes y vistas aéreas a través de sus enormes ventanas. Alcanza una altura de 76 m y se inauguró en 1976 como una forma temporal de cruzar el río, pero, debido a su popularidad, el servicio se mantuvo. Durante el trayecto se puede ver el edificio de las Naciones Unidas a lo lejos. ¡Aunque está en Nueva York, la sede de la ONU es territorio internacional!

***FOTOS:** teleférico de la isla Roosevelt sobre el East River (arriba); bicitaxi sorteando el tráfico (dcha. arriba); el Central Park Boathouse y su reflejo en el lago (dcha. abajo).*

TU CARRUAJE TE ESPERA

Un *pedicab* (bicitaxi) es un pequeño carruaje propulsado por un ciclista. Estos geniales vehículos de tres ruedas a pedales pueden encontrarse en lugares muy turísticos, como Times Square y Central Park. Muchos están personalizados con tiras de luces y coloridas decoraciones. Son mejores para circuitos o como entretenimiento que como forma práctica de transporte. Hay unos 850 por toda la ciudad.

Cuando empezaron a ofrecerse paseos en barca en el Central Park Boathouse, solo costaban 40 centavos por hora.

¡A REMAR!

Si quieres dar un paseo en barca de remos y disfrutar de un paisaje lacustre, ve al **Central Park Boathouse** en el Lago, uno de los muchos de Central Park. Antes de convertirse en un lago, esta zona era un gran pantano. Hoy es un paraíso para la observación de aves. Mientras remas podrás ver cisnes, patos, garzas y garcetas. Si tienes hambre después del paseo en barca, puedes volver al Boathouse y comprar un tentempié o un dulce.

LUGARES DIVERTIDOS

FOTO: vista aérea
de Coney Island.

PARQUES INFANTILES

EL MAGNÍFICO SEWARD

Seward Park, en el Lower East Side, fue uno de los primeros parques infantiles del país. El día de su inauguración, en 1903, más de 2000 niños pasaron el día jugando aquí, y todavía sigue en activo. Actualmente puedes trepar por puentes mono, chapotear en la fuente de agua y columpiarte. También hay una estatua de Togo, un heroico husky que, junto con su equipo, salvó vidas entregando medicinas en la remota Alaska cuando una enorme tormenta de nieve hacía que viajar fuera demasiado peligroso.

Seward Park toma el nombre del neoyorquino William Seward, secretario de Estado del presidente Abraham Lincoln, que negoció la compra de Alaska por parte de EE UU.

DULCE PARQUE

El **campo de juegos del Domino Park** es único en su especie. Junto al río, en Brooklyn, este colorido parque está inspirado en la refinería de azúcar Domino, que antaño dominaba el barrio; es una versión en miniatura de la antigua fábrica. Hay silos, toboganes y muchos espacios para jugar al escondite. Desde lo alto de los silos se puede ver pasar los barcos por el río y contemplar la silueta de la ciudad.

En Nueva York hay más de 1700 parques infantiles y espacios para jugar.

EXPLORA EGIPTO

No tienes que tomar un avión para sentirte como si hubieras viajado al fabuloso antiguo Egipto. El arquitecto que diseñó el **Ancient Playground** de Central Park se inspiró en la colección egipcia del Museo Metropolitano de Arte. Aquí puedes jugar entre pirámides, un reloj de sol y un obelisco. Pero, si no quieres viajar en el tiempo, ¡simplemente móntate en los columpios!

¡BARCO A LA VISTA!

La competencia es dura, pero puede que el parque infantil del **Seaside Wildlife Nature Park** sea el mayor tesoro de la ciudad. Rodeado de 8 Ha de naturaleza, este parque infantil en Staten Island te saca de las marismas y te lleva al mar. En esta zona de juegos de temática náutica puedes explorar un minifaro, trepar por un amenazador tiburón o explorar una caravela. ¡Bienvenidos, piratas y marineros!

FOTOS: niños en los toboganes del Ancient Playground (arriba); disfrazados de piratas (dcha.); el Seward Park del Lower East Side (izda. arriba); parque infantil del Domino Park, inspirado en una refinería de azúcar (izda. abajo).

MUSEOS INTERACTIVOS

TÚ MANDAS

El **Museo Infantil de Brooklyn** tiene más de 120 años. Fue el primero del mundo dedicado a los niños. Aquí no hay cuadros protegidos por cristales ni carteles de "No tocar": todas las exposiciones son para tocar y jugar. Puedes gestionar tiendas a tu medida, basadas en las reales de Brooklyn, en la exposición *World Brooklyn.* Luego, puedes ir al *AirMaze,* un enorme sistema de aire presurizado, con 76 m de tubos y sopladores, donde puedes introducir objetos en los tubos y usar válvulas para dirigirlos mientras el aire los desplaza.

***FOTOS:** niño jugando en el Museo Infantil de Brooklyn (arriba); cubierta del USS Intrepid (dcha. arriba); haciendo pompas en una exposición interactiva (dcha. abajo).*

EL CIELO ES EL LÍMITE

Abróchate el cinturón: el **Intrepid Museum** está en el legendario portaaviones *Intrepid*. Este enorme barco, en el muelle 86 del río Hudson, alberga una impresionante colección de aeronaves que incluye aviones de combate, de pasajeros y un avión espía. Se mezclan historia, ciencia y aventura en el transbordador espacial *Enterprise* y en el *Growler,* un submarino con misiles nucleares. Incluso puedes montarte en un helicóptero y manejar las alas de un avión.

El avión tripulado más rápido de la historia alcanzó los 7274 km/h. A esa velocidad, podría haber dado la vuelta al ecuador en 5,5 h.

¡A EXPERIMENTAR!

El **Salón de la Ciencia de Nueva York (NYSCI),** en Queens, es un centro de experimentos científicos y tecnológicos. Mira, huele, toca e inventa: hay cientos de formas de jugar y aprender. *The Big Bubble Experiment* te permite hacer pompas de todas las formas y tamaños y luego explotarlas. En el parque infantil de la Ciencia convergen los principios científicos y la diversión. Las exposiciones cambian constantemente, pero una cosa nunca cambia: ¡nunca te divertirás tanto haciendo nuevos descubrimientos!

ESCÁPATE A CONEY ISLAND

¡Imagínate una montaña rusa con vistas al mar! Eso es lo que ofrece **Coney Island,** en el extremo sur de Brooklyn. En el paseo marítimo, **Luna Park,** el parque de atracciones más grande de Nueva York, tiene atracciones, juegos y comida. En el contiguo **parque de atracciones Deno's Wonder Wheel** está la noria Wonder Wheel, de 46 m de altura.

Esta isla llena de diversión también albergó la primera montaña rusa del mundo: inspirada en los vagones del tren de las minas de carbón, la Gravity Switchback se inauguró en 1884. La montaña rusa de madera Cyclone data de 1927 y sigue funcionando; entonces, el viaje costaba cinco centavos.

Los amantes de las emociones fuertes pueden disfrutar de todo lo que ofrece Coney Island, pero quizá esperen a comer un perrito caliente después de subirse a las atracciones, por si se les revuelve el estómago.

FOTO: la montaña rusa Cyclone dominando el Luna Park.

Datos básicos

Velocidad de la montaña rusa Cyclone: **97 km/h**

Longitud de vía recorrida en menos de 2 min: **805 m**

Mayor caída: **26 m**

DESFILE DE SIRENAS

Para empezar el verano, miles de personas disfrazadas de sirenas y criaturas marinas invaden la costa de Coney Island durante este desfile anual, una fantástica mezcla de desfile, baile, carrozas, disfraces caseros y bandas de música. También es una celebración de la comunidad, la cultura, el arte y la creatividad.

VAMOS A LA PLAYA

Datos básicos

Longitud total de las playas públicas de Nueva York: **22 km**

Total de costa: **837 km**

Número de playas municipales en Nueva York: **8**

En invierno, las focas visitan las playas de Nueva York para alimentarse, ya que las aguas más al norte pueden estar demasiado heladas.

UN DÍA RADIANTE

Es fácil llegar a **Brighton Beach,** una sección de costa y paseo marítimo al este de Coney Island, ideal para un relajante día de playa disfrutando de las olas y el sol, ¡siempre con protección solar! El barrio circundante de Brighton es conocido como "Pequeña Odesa" en honor a la ciudad ucraniana, ya que alberga a la mayor comunidad de habla rusa y ucraniana fuera de Europa del Este. El *borsch* y las *vareniki* (empanadillas) de carne están entre la comida ucraniana más genuina de Nueva York. ¡Hazte con una sombrilla y un tentempié!

***FOTOS:** un día tranquilo en Brighton Beach (arriba); dos surfistas caminando por las dunas de Rockaway Beach (dcha. arriba); amantes de la playa relajándose en el Jacob Riis Park (dcha. abajo).*

SURFEAR

Rockaway Beach es el único lugar de la ciudad para practicar surf de forma legal. Los surfistas se lanzan a sus aguas, a veces revueltas, durante todo el año. Mientras caminas por la playa, vigila dónde pisas. En mayo y junio, muchos cangrejos herradura usan la playa como zona de reproducción. También suele haber aves marinas en busca de comida. El cercano parque infantil Sandpiper toma su nombre de los andarríos que descansan allí durante su migración. Algunos viajan más de 1609 km antes de parar en la playa.

JUNTO AL PASEO MARÍTIMO

El **Jacob Riis Park,** en la península de Rockaway, se inauguró en 1912, hace más de 110 años. Ahora, en verano, hay vendedores de hamburguesas, patatas fritas y dulces en su paseo marítimo de 1,6 km. Es el sitio ideal para un helado tras un día mirando las olas y tomando un baño. Mientras te relajas, mira al cielo para ver los aviones que van a aterrizar en el cercano aeropuerto JFK. Cerca de allí, en el Floyd Bennett Field, el National Parks Service ofrece acampada para niños.

LOS DEPORTES

¡A BATEAR!

Una visita al **estadio de los Yankees,** en el Bronx, es imprescindible. Las noches de partido, es un lugar electrizante gracias al sonido de los bateos, los gritos del público y el olor a comida frita. Aunque este no es el estadio original, resulta imposible no imaginarse en el campo a sus jugadores más famosos de todos los tiempos, como Lou Gehrig, Mickey Mantle y el legendario Babe Ruth; en su honor, el estadio es apodado "La casa que Babe construyó". Tiene un museo con una colección de béisbol. Abre 90 min antes del primer lanzamiento.

Datos básicos

Aforo del estadio: **unos 46 000**

Home runs conseguidos por Babe Ruth: **714**

Número en la camiseta de Babe Ruth: **3**

EQUIPOS DE NUEVA YORK

Nueva York tiene 11 equipos deportivos profesionales, más que cualquier otra ciudad de EE UU. Se puede asistir a partidos de fútbol, baloncesto, fútbol americano e incluso *hockey* en la Gran Manzana.

En la carrera del Empire State, los participantes suben 1576 escalones.

¡EMPIEZA EL PARTIDO!

Hay muchos lugares para practicar deportes por diversión. En los parques de Nueva York hay cientos de campos deportivos. Prueba el *pickleball,* una mezcla de bádminton, pimpón y tenis, en **Rockaway Beach,** o intenta un *home run* en el **Van Cortlandt Park** del Bronx. Incluso puedes jugar al críquet en el **Flushing Meadows Corona Park,** en Queens. Si quieres aprender de los mejores, siempre hay algún partido. Puedes ver uno de baloncesto de los Nets en Brooklyn o comprar entrada para algún torneo anual, como el US Open de tenis en el estadio Arthur Ashe, el estadio de tenis más grande del mundo.

***FOTOS:** noche de partido en el estadio de los Yankees (arriba); una de las pistas de tenis del estadio Arthur Ashe (izda.).*

DÉJATE LLEVAR

TIOVIVO CLÁSICO

A Nueva York le encantan los tiovivos desde hace más de un siglo. En Brooklyn, había varios talleres donde expertos talladores hacían que cobraran vida los caballos y carrozas del **Jane's Carousel,** que se compró a una empresa de Ohio y se transportó en barco hasta la ciudad. Hoy está en el Brooklyn Bridge Park, con 48 coloridos caballitos.

INSECTOS INCREÍBLES

Si necesitas un descanso, el **Bug Carousel,** en el zoo del Bronx, es el sitio ideal. Móntate en una enorme mantis religiosa, un saltamontes o un escarabajo pelotero, ¡si te atreves! Puedes elegir entre 64 insectos diferentes tallados a mano. Mientras das vueltas en el tiovivo, relájate con la música, compuesta a partir de sonidos reales de insectos, y echa un vistazo a los murales pintados que representan las fases de la metamorfosis.

BAJO EL MAR

En el Battery Park, en Manhattan, se halla el **Seaglass Carousel.** Aunque no está bajo el agua, sus coloridos peces de fibra de vidrio están iluminados para que tengas la sensación de estar nadando entre resplandecientes criaturas marinas. El pabellón está inspirado en una concha de nautilo. Su temática marina se debe a que el acuario original de la ciudad estaba cerca.

El primer tiovivo de Central Park estaba impulsado por un caballo o una mula escondidos en un compartimento por debajo de la plataforma.

UN VIAJE ÉPICO

El **Central Park Carousel,** que estaba abandonado en Coney Island, se instaló en el Children's District de Central Park en 1951. Con dos calesas y 57 caballos tallados a mano, cada año se montan en él unas 250 000 personas. Siempre que el tiempo lo permita, está abierto los siete días de la semana.

***FOTOS:** resplandecientes peces del Seaglass Carousel (arriba); vista de un colorido caballo del Central Park Carousel (dcha.); caballito de un tiovivo tallado de forma tradicional (izda. arriba); insectos del Bug Carousel (izda. abajo).*

¡VAYA VISTAS!

FOTO: patio Charles Engelhard del Museo Metropolitano de Arte.

PERFIL DE LA CIUDAD

En el museo de la 2ª planta puedes hacerte una foto con una réplica de las manos de King Kong atravesando las paredes del edificio.

EL ÉPICO EMPIRE

Comprueba por ti mismo por qué el **Empire State** es uno de los rascacielos más famosos del mundo. El observatorio de la 86ª planta se extiende alrededor de la emblemática aguja. Desde allí arriba hay vistas al aire libre de 360° de la Gran Manzana. Si tienes la suerte de subir cuando el cielo está despejado, puedes ver Nueva Jersey o Connecticut a través de un visor. Un ascensor de cristal te subirá 16 plantas más hasta el observatorio de la 102ª planta.

***FOTOS:** el Empire State de noche (arriba); turistas admirando las vistas desde el Top of the Rock (dcha. arriba); vistas desde el One World Observatory (dcha. abajo).*

VISTAS MAGNÍFICAS

No hay que ser un escalador para subir al Top of the Rock, las terrazas de observación en lo alto del **Rockefeller Center,** un edificio con su propio código postal. Sube 70 plantas para disfrutar de panorámicas de Nueva York y de la silueta de la ciudad. Puede que incluso conozcas a Roxy the Owl, la mascota oficial del edificio inspirada en un búho real que hizo del famoso árbol de Navidad de la plaza del Rockefeller Center su hogar temporal.

Datos básicos

Tiempo en ascensor hasta lo alto del One World Trade Center: **47 segundos**

Distancia hasta la que alcanzan las vistas: **72 km**

Número de visitantes: **10 millones hasta hoy**

OBSERVA Y PIENSA

En la 100ª planta del **One World Trade Center** está el One World Observatory, el punto más alto de Nueva York. Esta maravilla geométrica de cristal es el edificio más alto del hemisferio occidental. Sus 541 m de altura conmemoran el año en que se firmó la Declaración de Independencia. Se construyó en el emplazamiento de las Torres Gemelas, que se derrumbaron el 11 de septiembre del 2001; la aguja tiene un faro luminoso que brilla en memoria de las víctimas.

LA ENTRADA AL MUNDO

UN VISTAZO AL PASADO

La adolescente irlandesa Annie Moore fue la primera inmigrante en pasar por **Ellis Island** tras su apertura el día de Año Nuevo de 1892. El último fue el comerciante noruego Arne Petterson en 1954. Durante 62 años, 12 millones de personas llegaron aquí. Muchos ayudaron a crear la ciudad de Nueva York. Puedes visitar el Wall of Honor, una exposición interactiva situada donde antaño se congregaban multitud de futuros estadounidenses llenos de esperanza, y el Museo Nacional de Inmigración. En el Centro de Historia Familiar descubrirás si tus antepasados estuvieron aquí.

Datos básicos

Años funcionando: **62**

Número de inmigrantes: **más de 12 millones**

Duración media de la inspección: **de 3 a 5 horas**

Año más ajetreado: **1907 (1,25 millones de personas)**

LA ESTATUA DE LA LIBERTAD

La Dama de la Libertad fue un regalo de Francia para conmemorar el 100º aniversario de la Independencia de EE UU. Pero, los franceses también querían celebrar la abolición de la esclavitud y, por eso, a sus pies hay unos grilletes rotos. La **Estatua de la Libertad** tardó 21 años en completarse, y llevarla a EE UU no fue fácil. Tuvo que desmontarse, transportarse en barco y reensamblarse. En Liberty Island, puedes contemplar de cerca esta impresionante dama diseñada para balancearse ligeramente con el viento. Allí también puedes visitar el **Museo de la Estatua de la Libertad** y, si reservas con antelación, incluso subir hasta su corona.

***FOTOS:** entrada del Museo Nacional de Inmigración (arriba); la Estatua de la Libertad sostiene su antorcha en la bahía de Nueva York (izda.).*

MILLA DE LOS MUSEOS

ARTE IMPRESIONANTE

La Milla de los Museos de Nueva York es un tramo de la Quinta Avenida que alberga el **Museo Metropolitano de Arte,** también llamado Met. Tiene famosos cuadros, como el *Autorretrato con sombrero de paja,* de Vincent van Gogh. Pero en el Met, el arte no es solo una colección de cuadros. El enorme edificio alberga un gran número de objetos, como estatuas griegas, cerámica antigua, armaduras medievales y el enorme Templo de Dendur, ¡un templo egipcio entero! El objeto más pequeño es un sello de la antigua Mesopotamia de 2,8 cm que debía usarse como firma.

Datos básicos

Tamaño del museo: **más de 185000 m²**

Tamaño de la réplica de ballena azul: **29 m y 9525 kg**

Número de salas: **45**

BUSCA LAS FUENTES
Entre las galerías del Met hay nueve fuentes o elementos de agua; intenta encontrarlas todas.

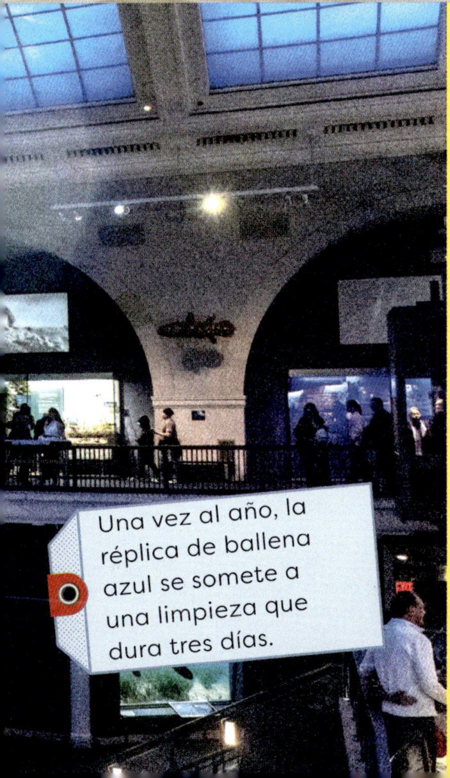

Una vez al año, la réplica de ballena azul se somete a una limpieza que dura tres días.

¡NATURALMENTE FANTÁSTICO!

El **Museo Americano de Historia Natural** (AMNH) hace que conceptos del tamaño del sistema solar sean entretenidos e interactivos. Visita el planetario Hayden para aprender cómo se forman los planetas. Camina por la pasarela Escalas del Universo, de 122 m de longitud, para moverte entre partículas subatómicas y galaxias. Descubre en el mariposario el ciclo de vida de mariposas y polillas. Y adéntrate en las salas de dinosaurios para ser testigo de la evolución de animales extintos. Este centro de conocimiento evoluciona con cada nuevo descubrimiento realizado por sus miles de científicos.

FOTOS: visitantes admirando cuadros de Vincent van Gogh en el Met (arriba); la réplica de ballena azul en la sala de Vida Marina del AMNH (izda.).

JOYAS DE MIDTOWN

UNA GRANDIOSA ESTACIÓN

Aunque no se tenga billete, vale la pena detenerse en la principal estación de trenes de Nueva York. Elevándose imponente en 42nd Street, **Grand Central Terminal** es un hervidero de historia, arquitectura, comida, pasillos y tiendas. Pero su elemento más destacado es el techo pintado del vestíbulo principal, con constelaciones en pan de oro sobre un vivo cielo azul con 2500 estrellas, algunas de ellas equipadas con bombillas eléctricas. El mural se pintó al revés, como si fuera a ser visto por los dioses mirando hacia abajo desde el cielo.

Grand Central tiene 19 Ha de sótanos, lo que equivale a unos 37 campos de fútbol. Uno de ellos, el M42, está a 13 plantas de profundidad.

Datos básicos

Tamaño del edificio:
119 x 82 m

Espacio construido:
4 plantas

Día más ajetreado de la historia: **30 de diciembre de 1929, con 8939 libros solicitados**

Datos básicos

Número de andenes: **44**

Longitud de las vías: **53 km**

Trenes famosos que han circulado por sus vías: **el 'Fast Mail', el '20th Century Limited' y el 'Wolverine'**

La Biblioteca Pública de Nueva York alberga un borrador de la Declaración de Independencia, escrito de puño y letra por Thomas Jefferson.

¡DE LIBRO!

La **Biblioteca Pública de Nueva York** (NYPL) consta de 92 bibliotecas. La sede principal, en la Quinta Avenida, es un extraordinario edificio similar a un palacio, custodiado por las estatuas de dos leones. Alberga más de 54 millones de artículos, y no solo libros. Entre sus tesoros se incluyen el ejemplar más antiguo de *Los cuentos de Mamá Oca,* postales de Halloween de principios del s. xx y el oso de peluche de Christopher Milne, el auténtico Winnie the Pooh. Para los lectores con solicitudes especiales, una cinta transportadora (el "tren de libros") entrega los materiales de lectura en la biblioteca desde un depósito subterráneo en el cercano Bryant Park.

***FOTOS:** viajeros apresurados para tomar sus trenes en Grand Central Terminal (arriba); la sala Rosa, la sala de lectura principal de la sede de la NYPL (izda.).*

PUENTE DE BROOKLYN

Cuando la gente habla de la silueta de Nueva York, a menudo se refiere a la de Manhattan (dcha.), pero la de Brooklyn también es impresionante. Un paseo por el **puente de Brooklyn** ofrece majestuosas vistas de los puntos de interés del distrito, como la gran extensión verde del **Brooklyn Bridge Park** y la nueva torre Brooklyn, cuya oscura fachada atraviesa el cielo.

El puente es un punto de interés en sí mismo, con sus arcos góticos, sus torres de granito y su red de cables de acero, 30 m por encima del East River. Si te estás muy quieto, quizá puedas sentir cómo el puente colgante se balancea con el flujo del viento, el agua y el tráfico. Acabarás con agujetas de tanto andar, pero la experiencia vale la pena.

Visible desde la orilla del parque, Bird Island alberga una plataforma para que las águilas pescadoras descansen. La isla se creó sobre un antiguo puente transbordador que se usaba para transportar vagones de tren por la bahía.

FOTO: el puente de Brooklyn iluminado y la resplandeciente silueta de Manhattan.

EL PROTOTIPO DEL PUENTE

Antes de construir el puente de Brooklyn, el ingeniero John Roebling diseñó un prototipo más pequeño. El puente Roebling, que conecta Ohio y Kentucky a través del río Ohio, se inauguró en 1867. Cuando el de Brooklyn, con 1834 m de longitud, se inauguró en 1883, era el puente colgante más largo del mundo. Enseguida, la gente y los carros de caballos empezaron a usarlo. ¡Para los caballos resultaba más sencillo que subir a un ferri!

¡A COMER!

FOTO: montañas de bagels con semillas de sésamo, de amapola, pasas y canela.

DE NUEVA YORK

Según algunos, un cocinero inventó el Chopped Cheese cuando se quedó sin panes de la medida apropiada.

¡QUESO, POR FAVOR!

A los neoyorquinos les apasionan muchas cosas, sobre todo sus sándwiches. Uno de ellos es el Chopped Cheese. Esta deliciosa comida consiste en una hamburguesa de ternera picada, cebolla, adobo y queso. Los ingredientes se cortan y se mezclan en la plancha hasta que el queso se funde. Luego, todo se pone en un panecillo y se le añade lechuga, tomate y condimentos. Era un secreto de barrio hasta que se empezó a correr la voz y la gente de toda la ciudad empezó a pedirlo. Se cree que se inventó en **Hajji's** (también conocido como Blue Sky), una bodega de Harlem.

***FOTOS:** un Chopped Cheese recién hecho (arriba); un egg cream (dcha. arriba); pollo del General Tso (dcha. abajo).*

UN BATIDO DELICIOSO

De primeras, un *egg cream* ("nata de huevo") puede que no suene muy apetecible, hasta que sabes lo que realmente lleva. Esta bebida fría lleva leche, sirope de chocolate y soda, todo bien mezclado para conseguir su característica espuma. Como muchas delicias de Nueva York, no hay una única historia sobre cómo se creó. Sabemos que surgió entre los inmigrantes judíos del Lower East Side hace más de 100 años. Pero su nombre es todo un misterio, pues no lleva nata ni huevo. El **Russ & Daughters** del Lower East Side es el sitio ideal para probarlo.

Los amantes del *egg cream* afirman que siempre debe prepararse con sirope U-bet de la marca Fox. La empresa se fundó en Brooklyn en 1900.

DULCE Y SALADO

El pollo del General Tso es pollo agridulce rebozado, famoso en Nueva York. Hace unas décadas, el chef Peng Chang-kuei usó sabores típicos de Hunan, en China, para inventar el plato. Más tarde, sirvió esta especialidad en su restaurante del Midtown de Manhattan. Pero otro chef, Tsung Ting Wang, puede que fuera el primero en ponerlo en su carta. En algún momento durante esta contienda se añadió azúcar a la mezcla salada y picante, un delicioso toque que hizo que su popularidad se disparara entre los golosos estadounidenses.

A LA NEOYORQUINA

Datos básicos

Precio medio de una porción: **3,25 US$**

Precio medio de una *pizza* de un ingrediente: **33,76 US$**

¡DAME UN TROZO!

Nueva York funciona a base de *pizzas*. Queso grasiento. Rodajas perfectas de pepperoni. La *pizza* al estilo neoyorquino evolucionó a partir de la napolitana, traída a la ciudad por los inmigrantes italianos a principios del s. XX. La auténtica *pizza* neoyorquina se estira a mano para lograr una masa fina y, luego, se le pone salsa de tomate y mozzarella fresca. La variedad es enorme: desde porciones a un dólar hasta *pizza gourmet* con tinta de calamar. El **Lombardi's,** en Little Italy, lleva haciendolas desde 1905, cuando una porción solo costaba cinco centavos. Su fundador es considerado el creador de este estilo. Recuerda: ¡si no se puede doblar, no es *pizza* al estilo neoyorquino!

FOTOS: comensales tomando pizza al estilo neoyorquino (arriba); bagel con salmón ahumado, queso de untar, cebolla roja y alcaparras (dcha. arriba); perritos calientes con muchos condimentos (dcha. abajo).

'BAGELS' INSUPERABLES

Los *bagels* amasados a mano están un peldaño por encima de los demás. Cocerlos es lo que les da su característica textura densa y gomosa. Los hay de todo tipo: con semillas de sésamo y amapola, centeno, cereales integrales... e incluso *bagels* arcoíris. Pídelo como un neoyorquino, con salmón ahumado y queso de untar. Esta combinación la hicieron popular los inmigrantes judíos, al igual que los propios *bagels*. El emblemático delicatesen judío **Zabar's** incluso tiene un cortador de salmón, famoso por sus lonchas finísimas.

El agua del grifo en Nueva York proviene de las montañas de Catskill y contiene una mezcla de minerales única. Dicen que eso es lo que hace que los *bagels* sean los mejores.

¡Los astronautas del *Apolo 7* tomaron perritos calientes de camino a la Luna!

¡UN 'HOT DOG'!

El meteórico ascenso de los perritos calientes empezó en 1867, cuando el panadero alemán Charles Feltman quiso ofrecer a la gente que iba a la playa una comida sencilla y sabrosa que no necesitara cubiertos, y así nació el "Coney Island Red Hot". El nombre de esta versión de la salchicha alemana *dachshund* se abrevió a *hot dog*. Su negocio creció hasta convertirse en un imperio. En su momento álgido, el Feltman's Ocean Pavilion vendía hasta 40 000 perritos calientes diarios. Hoy, pueden encontrarse en tiendas de comestibles de todo EE UU. Al igual que las mejores comidas de Nueva York, pueden degustarse por la calle.

AL VUELO

COMIDAS SOBRE RUEDAS

La ciudad es famosa por sus intensos olores. Algunos proceden de los deliciosos aromas de los carritos de comida, que venden de todo, desde marisco hasta encurtidos y *pretzels,* y mantienen una larga tradición de comidas callejeras con raíces foráneas. Muy popular es la comida *halal,* preparada según los principios islámicos, que suele incluir una combinación de arroz y carne con salsa. Ningún paseo en invierno está completo sin el irresistible aroma de cacahuetes, almendras y anacardos tostados de un carrito de Nuts 4 Nuts. Los carritos de comida ofrecen una representación diversa, dinámica y deliciosa de esta ciudad en constante cambio.

BOCADOS RÁPIDOS

En los delicatesen de Nueva York, los sándwiches son muy populares, pero el rey es el BEC, iniciales de *bacon* (beicon), *egg* (huevo) y *cheese* (queso). También suelen venderlos en las bodegas: tiendas donde ofrecen tentempiés, bebidas y otros artículos de conveniencia. Las bodegas abren hasta tarde (o toda la noche), y son imprescindibles en una ciudad que nunca duerme; no todas tienen mostradores de delicatesen o comida caliente, pero siempre puedes comprar una bolsa de patatas fritas.

Datos básicos

Media de visitantes al mercado nocturno de Queens: **hasta 20 000**

Número de países representados en el mercado nocturno: **al menos 90**

FESTÍN VISUAL

Si no estás lleno, visita un mercado cubierto o al aire libre. El **mercado de Essex,** el más antiguo de la ciudad, empezó en 1818 como un grupo de puestos de comida cubiertos en el Lower East Side y aún tiene los mejores encurtidos de la ciudad. En Brooklyn, el **Smorgasburg** ofrece comida de fusión, como la famosa hamburguesa de *ramen.* Los noctámbulos pueden ir hasta Flushing para disfrutar del **mercado nocturno internacional de Queens:** tu pollo asado jamaicano o tu gelatina de *aiyu* puede que vayan acompañados de un concierto.

***FOTOS:** un sándwich BEC (arriba); humeante parrilla en el Smorgasburg, en Brooklyn (izda.); vendedor en su carrito de comida (izda.).*

TOMA ASIENTO

SÁNDWICHES CON HISTORIA

Los sándwiches del **Katz's Delicatessen** son enormes, están rellenos de ternera y pastrami, curados lentamente durante 30 días, para darles su delicioso sabor. Tras su apertura en 1888, este delicatesen se hizo muy popular en el barrio. La gente sigue haciendo cola alrededor de la manzana de este sencillo paraíso gastronómico por sus sándwiches de ternera curada, pecho de ternera y pastrami en pan de centeno. También ofrece entregas por todo EE UU.

FAMOSOS 'FRANKFURTS'

Un cortador de panes de Feltman (mira la p. 63), Nathan Handwerker, emprendió en 1916 su propio negocio de perritos calientes, que vendía por cinco centavos. Hoy, los *frankfurts* del **Nathan's Famous** están presentes en todo el mundo. Su tienda original en Coney Island aún está abierta. También es famoso su concurso internacional anual de comer perritos calientes del 4 de julio. Los participantes tienen 10 min para comerse tantos como puedan, mientras son observados por más de 40 000 personas.

COCINA CASERA SUREÑA

El **Sylvia's Restaurant,** en Harlem, fue fundado por la "reina de la comida sureña", Sylvia Woods, en 1962. Lo que empezó como una pequeña cafetería se hizo un nombre por su inigualable cocina del sur de EE UU, con platos como costillas a la barbacoa, macarrones con queso o berza, y se convirtió en un fenómeno. Pero, a pesar de su fama, la gente de Harlem aún se siente como en casa en el Sylvia's, un lugar de reunión de la comunidad durante décadas.

LA HORA DEL TÉ

En sus primeros tiempos, el **Nom Wah Tea Parlor** era un oasis de té, galletas de almendra y pasteles de luna que se hacían con moldes especiales de madera. Los símbolos en la parte superior de los pasteles daban una pista sobre su relleno. Ahora, el restaurante también es famoso por su *dim sum.* Abrió en 1920 en Doyers Street, una calle con una pronunciada curva en forma de codo donde no está permitida la circulación de coches.

FOTOS: exterior del Sylvia's en Lenox Avenue, en Harlem (arriba); comensales esperando una mesa en el Nom Wah (dcha.); sándwich de pastrami con pan de centeno en el Katz's Deli (izda. arriba); concurso anual de comer perritos calientes en Coney Island (izda. abajo).

DULCES

Datos básicos

Anchura media de un *black and white:*
10 cm

Invención del *cronut:*
2013

Longitud media de las primeras colas para comprar *cronuts:*
150 personas

PARAÍSO DE LA REPOSTERÍA

Las calles de Nueva York están llenas de pastelerías. Párate a tomar un *cupcake* con crema de mantequilla en la **Magnolia Bakery** o prueba una deliciosa tarta de queso en el **Junior's Restaurant.** La pastelería italiana **Veniero's** vende *cannoli* y *pastacroce* al peso. El dulce más famoso de Nueva York es el *black and white:* mitad galleta, mitad pastel, lleva chocolate y vainilla, y es delicioso. Si te apetece algo más atrevido, los pasteleros de la ciudad siempre están inventando cosas nuevas, como el *cronut,* cruasán y dónut en uno. ¡Las opciones son infinitas! ¿Qué probarás primero?

FOTOS: black and white *recién horneados (arriba); colorido surtido en* Economy Candy *(dcha. arriba);* taiyaki *relleno de helado de máquina (dcha. abajo).*

UN SUBIDÓN DE AZÚCAR

Los *tootsie rolls* (caramelos masticables de chocolate) se inventaron en Brooklyn, igual que los *dots* (gominolas), los *peeps* (malvaviscos) y otras emblemáticas golosinas. Antaño, en Brooklyn, se producían ingentes cantidades de azúcar en la refinería Domino. Eso hizo que se abrieran muchas tiendas de golosinas, como **Economy Candy,** desde la década de 1930. Este colorido paraíso vende 2000 tipos de dulces, desde gominolas y chocolatinas hasta los más novedosos. Incluso puedes comprar las chuches por colores.

Los helados Häagen-Dazs se vendieron por primera vez en el Bronx en carros de caballos.

¿TARRINA O CUCURUCHO?

A George Washington le gustaban tanto los helados que un verano se gastó cientos de dólares en utensilios para hacerlos. Hoy, en Nueva York hay muchas heladerías que venden una amplia gama de innovadores sabores. En **Serendipity 3,** el Golden Opulence Sundae cuesta 1000 US$. Para algo diferente, prueba sabores como los de galleta de almendras, *don tot* (natillas de huevo) o pandán (una deliciosa planta tropical) en **Chinatown Ice Cream Factory.** Otras tiendas de inspiración asiática ofrecen helados hechos en plancha fría o bolas de helado en un *taiyaki* (gofre con forma de pez).

TODOS A BROADWAY

JERSEY BOYS
BEST MUSICAL 2006 TONY AWARD WINNER
AUGUST WILSON THEATRE, 245 WEST 52ND STREET
MUSIC & LYRICS BY JERRY HERMAN
LACAGE.COM
So Much Happened Before Dorothy Dropped In.
WICKED
THE UNTOLD STORY OF THE WITCHES OF OZ
GERSHWIN THEATRE, 222 WEST 51st STREET
WickedtheMusical.com
Tonight belongs to...
PHANTOM
MAJESTIC THEATRE
city outdoor
TADS
T-SHIRTS
CAPS
TADS STEAKS
sbarro
sbarro
sbarro
sbarro
sbarro
sbarro

LA GRAN VÍA BLANCA

El primer musical "moderno" se representó en Nueva York en 1927. Poco después se desarrolló el **Distrito de los Teatros** en el tramo de Broadway entre las calles 41 y 53. Se ganó el apodo de "La Gran Vía Blanca" por sus carteles eléctricos y sus brillantes luces. Hoy se le llama simplemente Broadway, pero no ha perdido su brillo.

El Broadway moderno ofrece elaborados decorados e incluso fuegos artificiales, que transportan al público a otro mundo. El término "Broadway" tiene más que ver con el tamaño que con la ubicación. Un auténtico teatro de Broadway tiene, al menos, 500 localidades, y el más grande, casi 2000.

El **Museo de Broadway** alberga una colección inigualable de piezas de vestuario y decorado de sus espectáculos más populares, como *Annie*, *El rey león* y *Hamilton,* e ilustra los secretos del Distrito de los Teatros, incluida toda la gente que hace posible los espectáculos. Aquí tendrás asientos de primera fila para conocer la historia de Broadway. ¡Arriba el telón!

FOTO: cruce con Times Square (pág. anterior); gente explorando el Distrito de los Teatros de Manhattan.

Datos básicos

Espectáculo más longevo: **'El Fantasma de la Ópera' (35 años)**

Número de teatros realmente ubicados en Broadway: **3**

UN HIPÓDROMO SIN CABALLOS

Actualmente demolido, el Hippodrome de Nueva York fue uno de los teatros más grandes del mundo. El nombre se inspiraba en los hipódromos de la antigua Grecia, estadios donde el público podía ver carreras de cuadrigas. A principios del s. xx, albergó espectáculos de circo y de *ballet* sobre hielo e incluso tenía un tanque de agua para saltos a gran altura y bailarinas acuáticas.

Los primeros teatros tenían grandes ventiladores frente a enormes bloques de hielo para refrescar los auditorios.

MÁS ALLÁ DEL 'SHOW'

Datos básicos

Longitud total de Broadway: **53 km**

Longitud de Broadway en Manhattan: **21 km**

Anchura original: **24 m (de ahí su nombre, 'broad way', "vía ancha")**

FUERA DE MANHATTAN

Broadway es una calle que data del s. XVII. Antaño fue el Wickquasgeck Trail, un sendero abierto en la naturaleza por los nativos americanos. Hoy se extiende por todo Manhattan, cortando las manzanas ligeramente en diagonal. Si se recorre en dirección al centro (norte), pasa por el Distrito Financiero, Times Square, el Lincoln Center y muchos otros lugares. A continuación, sigue al norte a través de Harlem, un palpitante corazón de la cultura afroamericana, atraviesa Washington Heights (Little Dominican Republic) y entra en el Bronx. Luego, sigue otros 29 km.

SÍ, PUEDES

En Broadway puedes comprar de todo. De norte a sur, surgen puestos de recuerdos en Chinatown, geniales tiendas de ropa en el SoHo, elaborados escaparates en el Midtown y vendedores callejeros en Times Square. Los emblemáticos grandes almacenes **Macy's** están en Broadway esquina con Herald Square. Ocupan casi toda la manzana y son los más grandes del país.

SIN ESCENARIO

Si Broadway es la columna vertebral de la ciudad, las plazas son sus huesos. Broadway conecta varias plazas importantes, como Union Square, Madison Square, Herald Square y Columbus Circle. Estos espacios públicos son muy populares entre los artistas callejeros. En cualquier momento se pueden ver conciertos, acrobacias, magos, bailarines y mucho talento. En el Washington Square Park suele actuar un pianista que lleva su piano hasta allí. No se necesita entrada para ver estos espectáculos, solo plantéate dejar una propina.

***FOTOS:** enormes globos con forma de personajes en el desfile del Día de Acción de Gracias de Macy's (arriba); Columbus Circle, en la esquina de Central Park (izda.); vista de Times Square (pág. izda.).*

GRAN ARQUITECTURA

Datos básicos

Antigüedad: **más de 300 años**

Tamaño de los archivos: **más de 609 m de registros históricos**

Feligreses: **alrededor de 1600**

IGLESIA HISTÓRICA

La **iglesia de la Trinidad,** en Broadway, está cargada de historia estadounidense. Es el lugar donde George Washington asistió a misa en la capilla de San Pablo tras jurar el cargo como primer presidente de la nación. Y en su cementerio están enterrados muchos personajes famosos, incluido Alexander Hamilton, el primer secretario del Tesoro de EE UU. Para que el pasado cobre vida, ofrece un circuito de realidad aumentada.

SIN ARRUGAS

Es todo un placer contemplar el **edificio Flatiron.** Según la leyenda de Nueva York, la forma de este impresionante edificio triangular está inspirada en una plancha de ropa. Sin embargo, no es del todo cierto: la extraña forma de la parcela influyó en su construcción. Situado entre Broadway y la Quinta Avenida, su proa sobresale hacia el Madison Square Park. En su parte más estrecha, en lo más alto, solo tiene ¡2 m de ancho!

Datos básicos

Año de construcción: **1902**

Tiempo de construcción: **1 año**

Altura: **87 m**

Número de plantas: **22**

MARAVILLA MEDIEVAL

Sigue Broadway hacia el norte hasta que te encuentres con colinas boscosas y un monasterio medieval. **The Cloisters,** segunda sede del Museo Metropolitano de Arte, está sobre una colina en el Fort Tyron Park, en el extremo de Manhattan. Al entrar en sus tranquilas salas de piedra sentirás escalofríos. Aquí, la arquitectura medieval y los vitrales te transportan hasta la Edad Media. No te pierdas los tapices de *La caza del unicornio,* fabulosas obras de arte tejidas que representan mitológicos caballos con un solo cuerno.

***FOTOS:** el edificio Flatiron desde abajo (arriba); interior de The Cloisters en el Upper Manhattan (izda.); iglesia de la Trinidad en el Lower Manhattan (izda.).*

CIRCUITO EN TIMES SQUARE

Antes de que la electricidad cambiara el mundo, Times Square estaba llena de carros de caballos. Fue la introducción del transporte público lo que marcó su brillante futuro. Sabiendo que el recién inventado metro atraería a la multitud a este céntrico lugar, el propietario del *New York Times* decidió ubicar en esta zona, conocida entonces como Longacre Square, la sede del periódico. En 1904 fue oficialmente rebautizada como Times Square.

Hoy, millones de personas vienen hasta aquí para estar en el centro del universo urbano entre estrellas de teatro, bulliciosos vendedores, artistas callejeros y brillantes luces.

Casi escondidas entre todo esto hay obras de arte, como murales y esculturas, que cambian constantemente y que plasman el lado creativo de Nueva York.

Times Square no es una plaza, sino la intersección en forma de pajarita de Broadway con la Séptima Avenida.

***FOTO:** el corazón de Times Square.*

LA CAÍDA DE LA BOLA

La primera versión de la caída de la bola en Nochevieja tuvo lugar en 1907 tras la creación oficial de Times Square. Este evento sigue siendo algo tradicional: unos 100 "ingenieros de dispersión" esparcen 1300 kg de confeti a mano. Cada año, alrededor de un millón de personas se congregan aquí para celebrar el Año Nuevo.

ALTERNATIVAS

SALTE DEL GUION

También hay muchos espectáculos fuera de Broadway (Off-Broadway). Son teatros más pequeños, de entre 100 y 499 localidades, pero sus espectáculos son también impresionantes. Puedes ver desde actuaciones de magia y de pompas de jabón hasta otras ya consolidadas, como las de Blue Man Group. ¡Incluso *Barrio Sésamo* tiene un musical Off-Broadway! Podrás asistir a los mejores espectáculos del mañana, ya que muchos de los que tienen éxito luego se representan en Broadway.

El nombre oficial del cruce de Broadway con West 63rd Street es Sesame Street.

La distintiva voz de Óscar el Gruñón estaba inspirada en la de un taxista de Nueva York.

MANEJA LOS HILOS

En Nueva York hay muchos espectáculos de guiñol. El **Swedish Cottage Marionette Theatre,** en Central Park, basa sus obras en cuentos infantiles. El **Teatro SEA** ofrece actuaciones bilingües que reflejan las variadas tradiciones de títeres de la ciudad. El **PuppetMobile** es un grupo itinerante que hace espectáculos y talleres gratuitos de fabricación de marionetas en los parques. En el **Museo de la Imagen en Movimiento,** en Queens, hay una exposición de Jim Henson con guiones y títeres del creador de Los Teleñecos.

***FOTOS:** miembros del Blue Man Group en el Beacon Theater de Nueva York (arriba); guiñol (izda.).*

CALEIDOSCOPIO CULTURAL

***FOTO:** Imagen del Festival de Primavera, también conocido como Año Nuevo chino o lunar.*

COMIDA FUSIÓN

El único techo de pagoda de madera que queda en la ciudad está en Mott Street, la calle más antigua de Chinatown.

DELICIOSO CHINATOWN

En el **Chinatown** de Manhattan, en torno a las calles Canal y Mott, hay estrechas calles llenas de restaurantes, tiendas, neones y panaderías que venden bollos rellenos de carne y alubias rojas. Los mercados exhiben frutas, productos deshidratados y pescado en hielo, y los vendedores callejeros se congregan en Forsyth Plaza para vender frutas y verduras. Una amplia gama de comida de fusión de Shanghái, Cantón, Sichuan, Tailandia y Asia, festivales y museos mantiene vivas las diversas culturas, y los descendientes de inmigrantes asiáticos crean sus propias tradiciones.

En Little Italy, en el Bronx, aún se celebra Ferragosto, un antiguo festival romano de hace 2000 años.

Datos básicos

Tamaño: **unos 5 km²**

Población: **unos 150 000**

Creación: **década de 1870**

COMIDAS ITALIANAS

Al norte de Chinatown, en un corto tramo de Mulberry Street, está **Little Italy.** Con sus actuales cinco manzanas (de las 50 de hace varias décadas), este barrio aún tiene mucho que ofrecer. Durante la fiesta anual de San Genaro, las calles cobran vida con vendedores de *zeppole* (rosquillas) y salchichas, concursos de comer *cannoli,* música, juegos, atracciones de feria y carrozas. Para sabores italianos más irresistibles, visita el Little Italy del Bronx, donde podrás comer pasta fresca y *bocconcini* (bolitas de mozzarella) en su histórico mercado.

FOTOS: tomando empanadillas al vapor en Chinatown (arriba); multitud en la fiesta de San Genaro de Little Italy (izda.).

RAÍZ NATIVA

¿Sabías que miembros de la tribu mohawk trabajaron en varios rascacielos, como el Empire State? ¿O que los primeros habitantes de la isla de Manhattan fueron tribus nativas americanas? Los lenape llamaron Manahatta a su isla. Ellos y otros grupos pescaban, cultivaban alimentos y fueron los primeros en explorar aquel enclave salvaje.

La colonización europea supuso una gran pérdida de vidas, tierras y tradiciones para los indígenas, pero su legado está por todas partes, sobre todo en topónimos modernos. La Reserva Shorakapok toma su nombre del término indígena para el fértil extremo norte de la isla, que significa "lugar para sentarse".

El **Museo Nacional del Indio Americano** ayuda a conservar la historia de las comunidades indígenas de Nueva York. Las exposiciones ilustran sus historias, mientras que el imagiNATIONS Activity Center permite a los niños probar inventos indígenas que ahora forman parte de la vida diaria. En la tienda puedes comprar joyas, ropa, obras de arte o libros de artesanos indígenas.

Wall Street toma su nombre del muro que impedía el paso de nativos americanos y británicos a los asentamientos holandeses.

FOTO: ilustración de casas comunales de los nativos americanos en la isla de Manhattan en el s. XVI o principios del s. XVII.

ORIGEN DE ALGUNOS TOPÓNIMOS

Pearl Street, en Manhattan, toma su nombre de un muladar (amontonamiento de conchas de ostras) de los lenape. Esta tribu llamó Kapsee ("lugar de rocas afiladas") al actual Battery Park, y Shatemuc ("el río que fluye en ambos sentidos") al río Hudson, ya que la marea hace que fluya tanto al norte como al sur, según la hora del día.

JERGA LOCAL

AL ESTILO DE QUEENS

En Queens, los letreros de muchas calles y tiendas están escritos en otros alfabetos, y es fácil oír hablar múltiples idiomas en los barrios aledaños al **Museo de Queens** y el **Flushing Meadows Corona Park.** Los lugares de culto también son centros de lenguas nativas, como la **Sociedad de Templos Hindúes de América del Norte** en Flushing. ¿Buscas un concierto o festival multicultural? El **Flushing Town Hall** es tu sitio. En esta zona hay residentes de tantos países, que la **Biblioteca Pública de Queens** ofrece interpretación telefónica en más de 240 idiomas.

El inglés neoyorquino es un dialecto (o variedad) oficial del inglés.

Solo en el Bronx se hablan más de 100 lenguas de África occidental y, al menos, 10 están amenazadas.

LENGUAS EN RIESGO

Nueva York es el último refugio de algunas lenguas amenazadas. En todo el mundo solo quedan unos 700 hablantes del seke, una lengua himalaya, y 150 de ellos viven en dos edificios de Brooklyn o sus alrededores. La **Endangered Language Alliance** ayuda a proteger esta y otras lenguas en peligro. Para saber más, haz un circuito guiado con ellos. Para enterarte de qué lenguas se hablan en cada parte de Nueva York, consulta el mapa interactivo Languages of New York City.

***FOTOS:** tienda surasiática en Jackson Heights, Queens (arriba); bailarinas coreanas en Flushing, Queens (izda.).*

EXPOSICIONES GENIALES

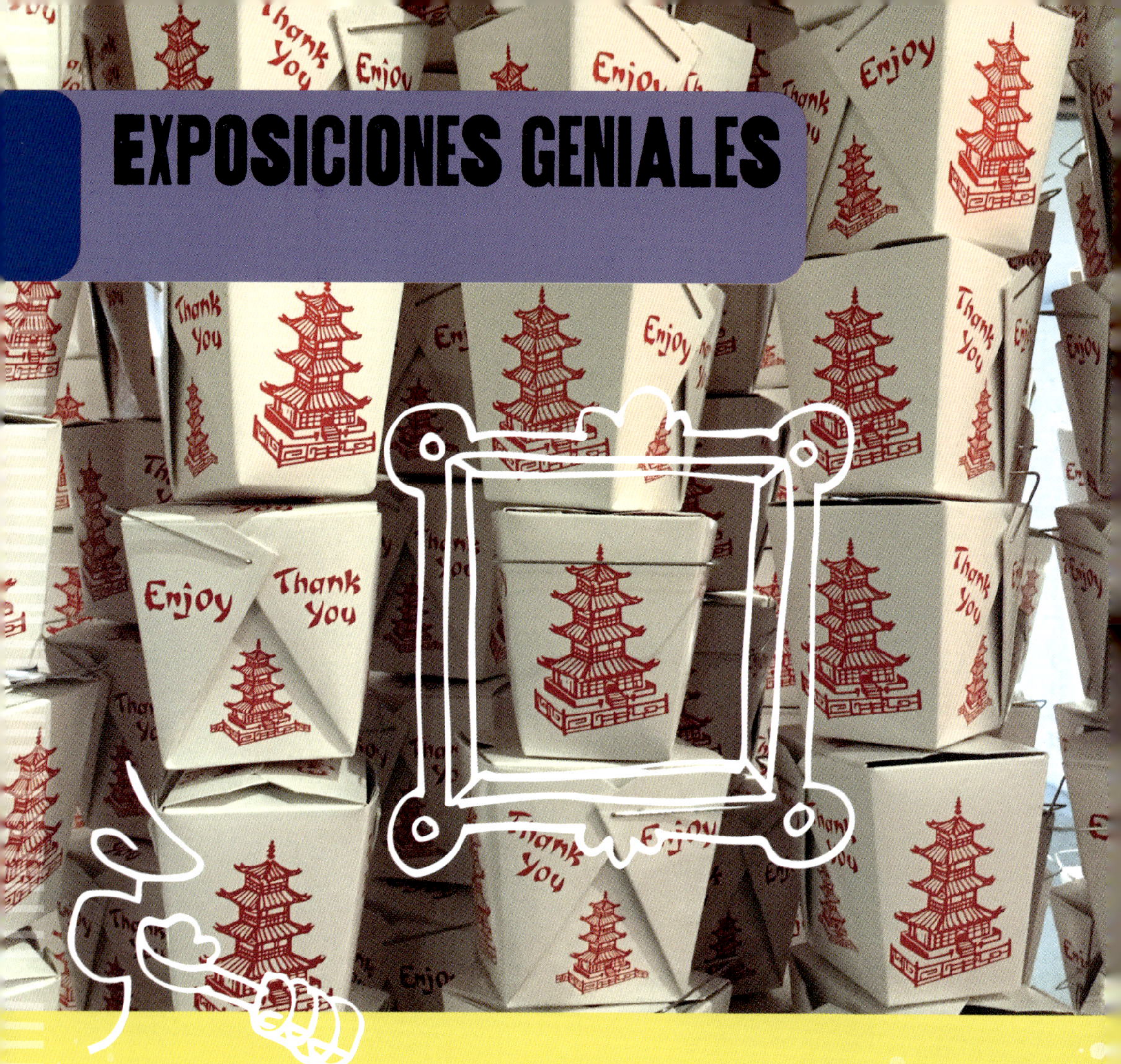

¿ARTE COMESTIBLE?

En el **Museo de la Comida y la Bebida** (MOFAD) puedes olerlo, tocarlo y probarlo todo mientras recorres las exposiciones. Científicos alimentarios e historiadores gastronómicos trabajan para desarrollar cambiantes exposiciones que resaltan alimentos culturales, como, por ejemplo, una profunda inmersión en el arte de los curris indios y la historia de los restaurantes chino-americanos. Para la inauguración del museo instalaron una enorme máquina de inflado de grano para hacer cereales. Aquí, incluso los más quisquillosos encontrarán algo que saborear.

***FOTOS:** pilas de envases de comida para llevar en el MOFAD (arriba); celebración del Día de Reyes en el East Harlem (dcha. arriba); braco alemán posando en el Museo del Perro (dcha. abajo).*

ALMA DEL HARLEM HISPANO

En el extremo norte de la Milla de los Museos está **El Museo del Barrio.** En este caso, “el barrio” es el East Harlem o Spanish Harlem. Este moderno museo presenta y preserva la cultura y el arte latinoamericanos y caribeños. Además de arte, organiza eventos en español e inglés y fantásticas fiestas. Puedes hacer un circuito virtual gratis en el que se destacan ubicaciones como el Salón de la Fama del Grafiti y sitios de cochifritos (frituras).

Cada 6 de enero, en El Museo del Barrio se celebra el Día de Reyes, que incluye un desfile encabezado por tres gigantones.

EL PERRO ES EL AMO

El imponente edificio del American Kennel Club en Park Avenue alberga el **Museo del Perro,** dedicado al mejor amigo del hombre, con divertidas exposiciones interactivas que ilustran el vínculo entre perros y humanos. Aquí puedes conocer las diferentes razas, saber más sobre perros con trabajo e incluso descubrir la raza de perro perfecta para ti. Una mesa de actividades te permite crear arte perruno. Muchas de esas obras se exhiben en el Muro de la Comunidad, dedicado a los amantes de los perros.

EL AÑO EN FIESTAS

APÚNTATE EL MES

El **Festival de Primavera,** también llamado Año Nuevo lunar o chino, se basa en el antiguo calendario chino y está marcado por los animales del zodiaco. Se celebra durante todo un mes. En febrero, no resulta raro ver decoraciones y sobres rojos tradicionales por los cinco distritos. El jardín botánico de Queens acoge un espectáculo de danza del león, y el desfile de Chinatown incluye la danza del dragón, elaborados disfraces, casetas y un concurso de talentos.

Datos básicos

Primer desfile: **1958**

Media de espectadores: **1 millón**

Comunidad puertorriqueña de Nueva York: **más de 1 millón de personas**

¡PUERTO RICO MOLA!

Cada junio, el **desfile del Día Nacional de Puerto Rico** recorre la Quinta Avenida en Manhattan en honor a los puertorriqueños y su rico patrimonio. Considerado el desfile cultural más grande del país, comprende ondeantes banderas, coloridas carrozas y animada música por todas partes. Y no te pierdas el **Festival Cultural de la Calle 152,** en el Bronx, con actuaciones musicales, baile, pintura de caras y mucha diversión.

***FOTOS:** dragones chinos en el Festival de Primavera (arriba); participantes del desfile del Día Nacional de Puerto Rico (izda.); gente celebrando el Orgullo (dcha. arriba); corredores de la Maratón de Nueva York (dcha. abajo).*

MUESTRA TU ORGULLO

En junio, Nueva York se echa a la calle para celebrar el **desfile del Orgullo,** una inspiración para personas LGTBIQA+ de todas las culturas, edades y razas, además de una manifestación por los derechos civiles. El primero se celebró en 1970 en respuesta a los disturbios de Stonewall en Greenwich Village en 1969. Hoy, una animada, valiente y radical colección de participantes se reúne para honrar a la comunidad LGTBIQA+ y trabajar por un futuro sin discriminación.

CORRE POR LA CIUDAD

Hace 50 años, la **Maratón de Nueva York** era una modesta carrera celebrada en Central Park; hoy es la maratón más grande del mundo: cada año atrae a miles de atletas internacionales, sin mencionar al variado público que bordea las calles de la ciudad para animar a los competidores. Los valerosos corredores tienen como único objetivo completar los 42,2 km de la carrera a través de los cinco distritos. Preparados, listos, ¡ya!

Datos básicos

Corredores que llegaron a la meta en 1970: **55**

Corredores que llegaron a la meta en el 2023: **51 453**

Tiempo medio de carrera: **4.39.47 h**

Mejor tiempo de carrera: **2.04.58 h**

EL LADO MÁS SALVAJE

FOTO: paloma en el Empire State.

VOLANDO A CASA

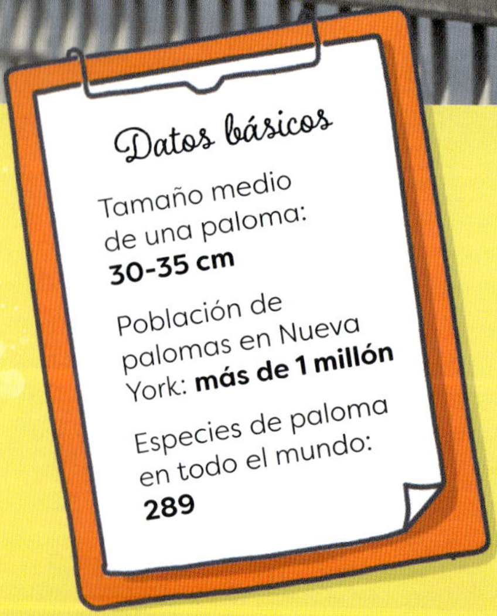

LA GRAN RUTA MIGRATORIA

Nueva York es estupenda para la observación de aves. Está en el sitio perfecto de la antiquísima ruta migratoria del Atlántico de las aves. La ciudad es una autopista para aves cantoras, acuáticas y marinas, y en cada estación se pueden ver especies diferentes. Cada año, la **Wild Bird Fund,** en el Upper West Side, proporciona cuidados a miles de aves heridas. Muchas son aves migratorias que necesitan ayuda o curas en sus largos viajes.

RAPACES URBANAS

Entre las muchas aves de Nueva York se incluyen aves de rapiña. Halcones peregrinos, águilas pescadoras, ratoneros de cola roja y cernícalos americanos se instalan en árboles, edificios altos y estanques para alimentarse de peces. En cada distrito hay múltiples sitios de observación de águilas. En una épica historia de supervivencia, las águilas calvas han empezado a anidar en la ciudad tras casi extinguirse. Además de impresionantes, las rapaces son una señal de la buena salud de los cursos de agua neoyorquinos.

El halcón peregrino anida en puentes, y el ratonero de cola roja se posa en postes y repisas de ventanas.

¡PALOMAS A MONTONES!

La de las palomas es una historia típica neoyorquina. Fueron traídas desde Europa (como comida), pero pronto se adueñaron de la ciudad: ¿qué sería hoy de Nueva York sin sus plumas grises y sus arrullos? Durante siglos, los neoyorquinos han criado palomas en las azoteas, las han ahuyentado, las han alimentado e incluso las han adiestrado para carreras. Incluso se usaron en ambas guerras mundiales para transportar mensajes entre las tropas ¡y algunas recibieron medallas por su servicio!

***FOTOS:** águila en el estadio de los Yankees (arriba); palomas comiendo en una acera de Nueva York (izda.); charranes descansando junto al río (pág. izda.).*

MUCHOS ANIMALES

¡VAYA JUNGLA!

La jungla urbana converge con la real en los zoos de Nueva York. Cada distrito tiene el suyo, con sus propios hábitats, especies y actividades. El **zoo de Queens** alberga pudúes, la especie de cérvido más pequeña del mundo. El **zoo de Staten Island** tiene una caballeriza y un colmenar. Tras ayudar a adiestrar focas en el **zoo de Prospect Park,** visita el contiguo jardín botánico de Brooklyn, pero atento a los pavos reales que andan sueltos. Especialmente entretenido, el zoo infantil Tisch, en el **zoo de Central Park,** permite dar de comer a cabras, ovejas y cerdos. Y tiene la única vaca de Manhattan.

Datos básicos

Número de especies en el zoo del Bronx: **6000**

Número de animales: **11 000**

Tamaño del zoo: **107 Ha, sobre un tercio del tamaño de Central Park**

BESTIAS DEL BRONX

El **zoo del Bronx** es el Empire State de los zoos. Desde su fundación, hace más de 125 años, ha sido un centro de exhibición y protección de fauna. Hizo grandes esfuerzos para reintroducir el bisonte en el Oeste americano y prohibir el uso de plumas en la moda. También logró salvar de la extinción a la tortuga de las Galápagos. Viaja de la Montaña de los Tigres a la Selva de Gorilas del Congo o móntate en el monorraíl de Asia Salvaje. También puedes reservar un "encuentro salvaje" con perezosos, pingüinos, guepardos y otros animales con pelo, escamas y plumas. Incluso puedes tener un cara a cara con osos hormigueros gigantes y puercoespines.

***FOTOS:** la estatua de un rinoceronte saluda a los visitantes (arriba); viendo cómo alimentan a una jirafa (izda.), ambos en el zoo del Bronx.*

MARA-VILLAS ACUÁTICAS

El **Acuario de Nueva York,** construido en Coney Island con 33 000 baldosas de aluminio, resplandece al viento como un banco de peces. Está lleno de nutrias marinas, tiburones, rayas, pulpos y otras fantásticas criaturas, desde medusas luna hasta gusanos comehuesos.

El Aquatheater ofrece un espectáculo de leones marinos, y el PlayQuarium permite interactuar con hábitats marinos. Uno de los muchos proyectos de conservación es el marcado y seguimiento de tiburones.

En las aguas de Nueva York viven unas 25 especies de tiburones, incluidos marrajos y tintoreras. El equipo del acuario también hace un seguimiento de las yubartas para grabar su canto y estudiar cómo viven. Y, por primera vez en años, se han visto delfines salvajes en el río Bronx.

***FOTO:** túnel de observación del Acuario de Nueva York.*

ARRECIFES REDBIRD

Desde el 2001, la Autoridad Metropolitana del Transporte ha hundido unos 2500 vagones de metro Redbird en el Atlántico para crear espacios donde prosperen las criaturas marinas. Estos arrecifes artificiales son un hábitat ideal para la vida marina. ¡No hace falta la MetroCard!

FAUNA FAMOSA

EL BÚHO FLACO

En el 2023, un búho real euroasiático llamado Flaco se escapó del zoo de Central Park. Nacido y criado en cautividad, se creía que no podría sobrevivir. Pero, una vez tras otra, consiguió evitar que lo capturaran los guardianes del zoo. Cuando toda la ciudad se dio cuenta de que Flaco estaba decidido a sobrevivir en la Gran Manzana, el zoo oficialmente dejó de intentar recapturarlo. Tras nueve meses en Central Park, empezó a visitar las azoteas y las ventanas del Upper Manhattan. Cuando murió en el 2024, los neoyorquinos le hicieron un altar con flores, fotos y dibujos en su querido parque.

PALE MALE

Otra leyenda de la ciudad es Pale Male, un ratonero de cola roja que vivió en Nueva York varias décadas. En 1991 anidó en la repisa de un lujoso edificio de apartamentos en la Quinta Avenida y nunca dejó el barrio. Los neoyorquinos se enfadaron cuando lo “desalojaron”, debido a un proyecto de construcción. A pesar de los peligros de vivir en la ciudad, Pale Male resistió, tuvo unos 30 polluelos e inspiró libros, ilustraciones y, al menos, un documental. Si ves un ratonero de cola roja en Nueva York, quizá sea uno de sus descendientes.

Datos básicos

Altura media de un nido de ratonero de cola roja: **de 4 a 21 m**

Número de nidos de ratonero de cola roja en Manhattan: **de 5 a 20 cada año**

GATOS DE BODEGA

Mientras compras patatas fritas y agua en una bodega, tal vez te hagas amigo de algún gato. Puedes verlos ronroneando, dormitando y lamiéndose en tiendas de toda la ciudad. Originalmente introducidos para controlar plagas, pueden ser desde gatos mestizos adoptados hasta callejeros que se instalan en los pasillos y nunca se van. Aunque no están permitidos en ningún lugar donde se venda comida, mientras no haya inspecciones de sanidad es habitual verlos entre expositores refrigerados y paquetes de arroz.

***FOTOS:** Pale Male en el balcón de un edificio de apartamentos en la Quinta Avenida (arriba); gato frente a una tienda de Nueva York (izda.); Flaco en Central Park (pág. izda.).*

¡VAYA PLAGA!

Magníficas nadadoras, las ratas pueden mantenerse en el agua varios días.

Datos básicos

Población de ratas en Nueva York: **unos 3 millones**

Visualizaciones del vídeo de Pizza Rat: **12 millones hasta ahora**

Longitud media de una rata: **30-40 cm, incluida la cola**

¡RATAS!

Otra mascota oficiosa de la ciudad son las ratas, capaces de meterse por espacios de 2,5 cm y saltar hasta 1 m en vertical, lo que les permite proliferar en el laberinto de túneles de metro, cloacas y grietas en el hormigón. Las noches que se saca la basura, es normal verlas y oírlas entre las montañas de bolsas. Hace unos años, una rata de Nueva York incluso se volvió viral: la llamada Pizza Rat fue grabada acarreando una porción de *pizza* por las escaleras del metro.

IMPLACABLES CUCARACHAS

La historia de las cucarachas en la ciudad es antigua. Aunque están presentes en todas las zonas, se las asocia sobre todo con los edificios de apartamentos de la Gran Manzana. Aquí solo suelen ser habituales las rubias y rojas, pero a veces una especie rara causa alboroto, como cuando se identificó una cucaracha japonesa en la High Line, la primera que se detectaba en Nueva York.

FOTOS: *típica cucaracha de la ciudad (bajo estas líneas); mosca linterna manchada (abajo); rata comiendo en Central Park (izda.).*

Datos básicos

Número de especies de cucaracha en el mundo: **más de 1000**

Hogares de Nueva York que han informado de su presencia: **el 30%**

Vida media de una cucaracha adulta: **400 días**

Cucarachas: tan antiguas como los dinosaurios

LINDOS PROBLEMAS

La última plaga que ha llegado a Nueva York es la de moscas linterna manchadas. No te dejes encandilar por sus alas con manchas y su color rojo: esta especie invasora está causando estragos en árboles y plantas. Al poner sus huevos en piedra, metal y otros materiales frecuentes en la ciudad, su población se ha disparado. En primavera y verano, cientos de ellas se posan en ventanas o se arremolinan en aceras, y los neoyorquinos tienen permiso para aplastarlas cuando las vean.

NUEVA YORK VERDE

FOTO: descansando junto a unos parques infantiles en Central Park.

UN PARQUE EN EL CENTRO

Central Park es la zona verde más famosa de Nueva York. Alberga más de 18 000 árboles con una importante función: ayudar a refrescar y limpiar el aire de la ciudad absorbiendo toneladas de dióxido de carbono.

En Central Park viven muchos animales salvajes, incluidos mapaches, cisnes, patos, ardillas y, por supuesto, ¡ratas!

Con numerosas masas de agua, Central Park es el sitio ideal para montarse en una barca o contemplar una cascada. También hay extensos prados para hacer pícnics, frondosas zonas verdes para explorar y afloramientos rocosos para escalar. Aquí no faltan cosas que hacer: ¡en Central Park puedes elegir tu propia aventura para disfrutar de una diversión sin fin!

***FOTO:** vista aérea de Central Park, el Upper West Side y el río Hudson.*

¡A escalar!

En la esquina suroeste de Central Park está la enorme Umpire Rock, un lugar de escalada muy popular. Este afloramiento rocoso, al igual que el resto de Manhattan, se formó hace más de 500 millones de años. Las ranuras son cicatrices dejadas por un glaciar hace apenas 30 000 años. Summit Rock es otro lugar de escalada y el punto más alto del parque, seguido de Vista Rock, donde se halla el castillo de Belvedere.

Central Park, el quinto de Nueva York en tamaño, es más grande que el principado de Mónaco.

DE ISLA EN ISLA

VISITA AL GOBERNADOR

En **Governors Island,** a 10 min en ferri de Manhattan, los coches están prohibidos. Aprovecha tu visita montando en bici, jugando en sus campos de deportes o descansando en Hammock Grove (una arboleda llena de hamacas). Alberga enormes columpios y el tobogán más largo de Nueva York. La isla no siempre fue tan divertida: fíjate en las antiguas construcciones militares entre las arboledas y los puestos de helados. Se pueden explorar por libre, o con un circuito guiado, sitios como el fuerte Jay y el castillo Williams.

Datos básicos

Tamaño de la isla: **unas 69 Ha, una centésima parte del tamaño de Staten Island**

Longitud del tobogán: **más de 15 m**

PEQUEÑA PERO GRANDIOSA

Abierta en el 2021, **Little Island** es una recién llegada a Nueva York. Este pequeño parque público es una isla artificial conectada por un pequeño puente al muelle 54 de Manhattan. Aunque está a solo unos pasos del Hudson River Park, Little Island te transporta a un pequeño universo que se eleva sobre imponentes pilotes sobre el río Hudson. Sus estructuras tipo seta y sus zonas de césped parecen sacadas de un libro del Dr. Seuss. Aquí encontrarás discos de ilusión óptica, grandes instrumentos que suenan al saltar sobre ellos y sillas peonza. Todo se ilumina por la noche. En verano, puedes disfrutar cada día de conciertos, manualidades y cuentacuentos.

***FOTOS:** orilla de Governors Island (arriba); Little Island elevándose sobre el río Hudson (izda.).*

PODER FLORAL

En Queens, el Alley Pond Giant, con sus 41 m de altura y sus 350 años estimados, quizá sea el árbol vivo más viejo de Nueva York.

FABULOSOS JARDINES

El árbol más alto del **jardín botánico de Nueva York,** en el Bronx, mide 49 m, que equivalen a un edificio de 15 plantas. Aquí puedes oler las plantas aromáticas del jardín de hierbas y probar verduras en la Edible Academy. Los cerezos del **jardín botánico de Brooklyn** son las plantas más antiguas. Se plantaron en 1941 y florecen cada primavera. En el **jardín botánico de Queens** puedes ver a las abejas melíferas del apiario: hay unas 80 000; e incluso apadrinar una para ayudar a protegerlas.

LINDAS FLORES

El **Prospect Park,** en Brooklyn, tardó 30 años en diseñarse y construirse, pero valió la pena: sus bosques autóctonos, parterres florales, humedales y senderos son encantadores. En primavera y verano, especies en flor, como cerezos, narcisos y zumaques, añaden un estallido de color. Cuando hace frío, retorcidos olmos y densos bosques convierten las excursiones en paseos de cuento de hadas. Compra un tentempié o suministros para un pícnic en el ajetreado mercadillo de la plaza. También puedes ver el zoo y la pista de patinaje sobre hielo.

FOTOS: flores de loto en el botánico del Bronx (arriba); cascada y puente de madera en Prospect Park (izda.).

LUGARES RECÓNDITOS

Datos básicos

Basura producida a diario en Nueva York:
12 000 toneladas

Residuos domésticos del vertedero:
150 millones de toneladas

DE BASURA A TESORO

El **Freshkills Park,** en Staten Island, era el mayor vertedero del mundo. Imagínate enormes montones de basura llenos de gaviotas. Recibió sus últimos desechos en el 2001 y, ahora, sus 890 Ha se están transformando en el parque más grande de Nueva York. Sigue renaturalizándose, pero la antigua montaña de basura ya es un paraíso para excursionistas, kayakistas y fauna. También es un laboratorio vivo para los científicos, que hacen un seguimiento de la calidad del suelo, el agua y el aire. En Freshkills Park, la naturaleza ha regresado a lo grande.

***FOTOS:** vista de Manhattan desde Freshkills Park (arriba); el Elevated Acre, en Manhattan, en un día soleado (dcha. arriba); golondrina bicolor en el Jamaica Bay Wildlife Refuge (dcha. abajo).*

JARDÍN SECRETO

¿Un parque en el cielo? ¡Sí! Al **Elevated Acre** se llega subiendo por un camino escondido. Esta zona verde está por encima de las calles del Distrito Financiero, entre dos rascacielos. Disfruta de magníficas vistas del río Hudson y el puente de Brooklyn desde este refugio en Water Street. Y de noche, contempla cómo se ilumina la escultura de luz de 15 m de altura. En verano, hay cine bajo las estrellas.

EN BANDADA

A un corto trayecto del aeropuerto JFK se halla uno de los mejores lugares de observación de aves del noreste estadounidense. En el **Jamaica Bay Wildlife Refuge** se han observado más de 300 especies de aves anidando entre las marismas y los arbolados senderos. En primavera y verano se pueden ver ostreros y archibebes patigualdos picoteando en las aguas salobres. Pero las estrellas son las aves acuáticas, sobre todo las que pasan el invierno aquí: a veces se pueden ver hasta 700 ánsares nivales a la vez.

EN LA GRANJA

CONOCE A LOS GRANJEROS

Los **mercados agrícolas** de Nueva York muestran una gama multicolor de frutas y verduras, así como otros alimentos y productos artesanales. No todas las manzanas, tomates o patatas de sus más de 50 mercadillos proceden de los cinco distritos, pero sí del noreste de EE UU. Prueba la miel de Pensilvania o la sidra de la parte alta del estado de Nueva York. Huele la lavanda cultivada en Nueva Jersey y encuentra pescado de la costa neoyorquina o setas de los montes Catskill. En las hileras de puestos con toldos blancos, abarrotados mostradores y puntos de degustación, se te hará la boca agua.

En el 2019 brotó una tomatera en un pilar de madera del East River. Nadie sabe cómo llegó allí la semilla.

UNA GRANJA HISTÓRICA

Aún funciona una granja en la ciudad de Nueva York. Se trata de la Granja Museo del Condado de Queens, que data de 1697.

LO QUE LA AZOTEA ESCONDE

Nueva York siempre es un hervidero de actividad, incluso en los tejados. **Brooklyn Grange** gestiona tres de los mayores huertos en altura del mundo, incluida la azotea verde más grande de los cinco distritos. Aquí todo gira en torno a una vida urbana sostenible: la gente cultiva y vende miel, verduras e incluso salsa picante casera. Los visitantes pueden plantar y recolectar. Para mantenerlo todo en funcionamiento, se usan 544 300 kg de tierra.

***FOTOS:** compradores en un mercadillo (arriba); vista aérea de un huerto de Brooklyn Grange (izda.).*

SECRETOS DE LA CIUDAD

FOTO: el castillo de Belvedere dominando el Turtle Pond.

CONOCE CENTRAL PARK

Los observadores de aves en The Ramble pueden anotar sus avistamientos en un libro de registro en el Central Park Boathouse.

DATE UN PASEO

Escapa de la ciudad, sin salir de ella, en **The Ramble,** un mágico bosque de 14 Ha que es como un cuento de hadas. Fue diseñado para imitar los frondosos bosques de la parte alta del estado de Nueva York, con serpenteantes senderos, arroyos, puentes naturales y rocas. Visita las azaleas en flor del Azalea Pond o el arco de piedra antes de descansar en la rústica Summerhouse. Los paseantes suelen perderse en este jardín, así que no olvides llevar un mapa y unos prismáticos.

***FOTOS:** arco de piedra de The Ramble (arriba); castillo de Belvedere (dcha. arriba); escultura* **Alicia en el País de las Maravillas** *(dcha. abajo).*

VISITA UN CASTILLO

El **castillo de Belvedere** es uno de los elementos más famosos de Central Park: este castillo “en miniatura” tiene una torre, una terraza de piedra y pabellones elevados. Se construyó con esquisto de Manhattan extraído de Central Park y fue una estación meteorológica. Aún conserva aparatos que miden la temperatura, el viento y las precipitaciones. Fíjate en la cocatriz de bronce, mítica bestia, mezcla de dragón, serpiente y gallo, que acecha sobre una de las puertas.

Datos básicos

Ubicación: **East 74th Street, al norte del Conservatory Water**

Altura: **3 m**

Anchura: **4,4 m**

MUNDO DE MARAVILLAS

En la escultura de bronce de *Alicia en el País de las Maravillas de* Central Park, Alicia está sentada con su gata Dina, rodeada del Lirón, el Gato de Cheshire, el Sombrerero Loco y el Conejo Blanco. Puedes tocarla e incluso subirte a ella. En la seta gigante hay mucho sitio para sentarse y, debajo, la sombra es perfecta para los días soleados. Con los años, tantos niños han trepado a la escultura que la han dejado lisa y pulida.

BAJO TIERRA

CANCIONES DEL METRO

Si estás esperando en los andenes de las líneas N/Q/R/W en 34th Street, puede que oigas sonidos extraños entre el zumbido de los trenes que pasan. Provienen de una estructura verde tipo tubo sobre tu cabeza: un instrumento gigante escondido a plena vista, llamado **Reach: New York.** Mueve las manos frente a sus pequeños huecos y escucharás sonidos que abarcan desde notas de xilófono hasta el croar de ranas.

Los sonidos del enorme instrumento Reach: New York se actualizan cada año.

IMÁGENES EN MOVIMIENTO

En Dekalb Avenue, en Brooklyn, toma un tren de la línea B o Q hacia Manhattan para ver el **'Masstransiscope',** una imagen pintada en el túnel del metro con material reflectante, luces fluorescentes y unas rendijas diseñadas para que arte y ciencia óptica cobren vida. Al pasar por delante, las brillantes formas geométricas se mueven como imágenes en un folioscopio. No parpadees: ¡solo dura 20 segundos!

***FOTOS:** entrada a la estación de metro de 34th Street (arriba); tren de la línea Q circulando por la superficie (izda.); una de las esculturas de Life Underground (dcha. arriba); lingotes de oro (dcha. abajo).*

BUSCA EN LA ESTACIÓN

Mientras esperas tu tren de la línea A, C, E o L en 14th Street puedes buscar las esculturas de **'Life Underground'.** Puedes encontrar un elefante con tacones, un caimán de alcantarilla intentando comerse a un hombre con una bolsa de dinero como cabeza, trabajadores de la Autoridad Metropolitana del Transporte subidos a una viga de acero o barriendo viejas fichas del metro. Estas pequeñas estatuas de bronce plasman leyendas de Nueva York y algunos de sus personajes más destacados.

Tras descubrir un caimán en una alcantarilla de Harlem, el 9 de febrero fue declarado el Día del Caimán en la Alcantarilla en Nueva York.

TESORO ENTERRADO

Por debajo del Banco de la Reserva Federal de Nueva York hay una enorme bóveda llena de oro, excavada en el lecho de roca de Manhattan. La **Bóveda de Oro de la Reserva Federal** es muy segura. Su única entrada está protegida por un cilindro de acero de 3 m de alto y 90 toneladas en un marco de 140 toneladas. El oro pertenece a los Gobiernos de varios países, incluido el de EE UU. Por seguridad, al menos tres personas deben estar presentes cuando se mueve, incluso para limpiar o cambiar una bombilla.

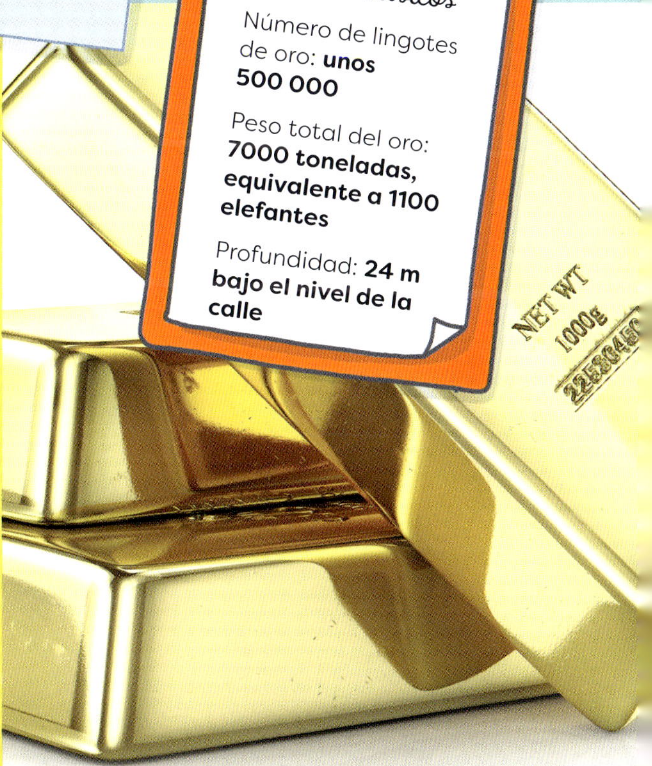

Datos básicos

Número de lingotes de oro: **unos 500 000**

Peso total del oro: **7000 toneladas, equivalente a 1100 elefantes**

Profundidad: **24 m bajo el nivel de la calle**

SECRETOS OCULTOS

La bañera del mago Harry Houdini está expuesta en la tienda.

HAZ MAGIA

La tienda de magia más antigua de América, **Tannen's Magic Shop,** está en la 6ª planta de un sencillo edificio en West 34th Street, en Manhattan. Es un laberinto con todos los utensilios del oficio imaginables, desde puzles en forma de moneda hasta pañuelos y bolas de cristal. Si quieres convertirte en mago, organizan un campamento de magia de una semana, con clases de los mejores magos del mundo, que enseñan trucos y técnicas. Se celebra en Pensilvania para evitar miradas indiscretas.

FOTOS: truco de cartas (arriba); Inwood Hill Park (dcha. arriba); huerto de 0,4 Ha en Manhattan (dcha. abajo).

ANTIGUAS CUEVAS

En 1895 se descubrieron cuevas secretas en lo que ahora es **Inwood Hill Park,** al norte de Manhattan. Las usaron indígenas lenape para almacenar comida y como refugio contra el clima extremo. Lo sabemos porque se hallaron restos de hogueras, cerámica e incluso alimentos preservados bajo cenizas, además de herramientas y armas, como hachas. Hoy es un tesoro arqueológico.

HUERTOS SECRETOS

Si caminas por las calles de Nueva York, quizá no estés lejos de un huerto comunitario (en la ciudad hay más de 550). Pero es fácil pasarlos por alto: muchos apenas tienen unos metros de ancho. Otros son más grandes, como **El Sitio Feliz,** en Harlem. Este huerto tiene 1858 m^2, equivalente a ocho pistas de tenis. Muchos eran solares abandonados que fueron transformados por voluntarios en bonitos espacios para reunirse y cultivar alimentos. Y gran parte de la producción se dona a gente necesitada.

TESOROS ESCONDIDOS

SUSÚRRAME

Si ves a alguien mirando una esquina en la planta baja de Grand Central Terminal, quizá esté usando la **Galería de los Susurros.** Los arcos alicatados provocan un truco acústico mágico: si dos personas susurran en esquinas opuestas, pueden oírse entre ellas a través de la sala abovedada como si estuvieran una al lado de la otra. Pruébalo con un amigo o familiar.

El fundador del New York Herald quería que lo enterraran en una tumba en forma de búho de 61 m de altura.

MIRADA MISTERIOSA

Al anochecer, dirígete al lado norte de **Herald Square,** donde dos búhos de bronce con brillantes ojos verdes coronan un alto monumento. Estas inquietantes criaturas antaño adornaban el edificio del periódico *New York Herald,* cuyo fundador era un amante de los búhos. Sus ojos verdes llevan brillando más de 100 años. Muchos neoyorquinos pasan junto a ellos sin mirarles.

EL REFUGIO PERFECTO

6½ Avenue es una calle secreta entre la Sexta y la Séptima Avenidas, y la única de Nueva York con un número fraccionario. Discurre desde West 57th Street hasta West 51st Street y es peatonal. Entrar en este pequeño pasaje es como encontrar un atajo secreto a un lugar totalmente nuevo. Puedes tomar un bocado mientras lo recorres y, si llueve, es ideal para refugiarse, pues en su mayor parte está cubierto. Hay más de 500 espacios secretos similares por toda la ciudad.

¿DÓNDE ESTÁ EL MAGO?

El **Wizard of Park Avenue** es uno de los tesoros más pequeños de la Gran Manzana. En 32nd Street con Park Avenue, desde un trono en un reloj, un mago con túnica lanza un hechizo mientras mueve su varita. El reloj de hierro forjado está en un edificio donde había un importador de seda: fíjate bien para encontrar las tallas de capullos y gusanos. El Reloj de la Seda, creado en 1926, es una de las pequeñas maravillas de Nueva York.

FOTOS: 6½ Avenue (arriba); vista lateral del Wizard of Park Avenue (dcha.); el emblemático Oyster Bar & Restaurant en Grand Central Terminal (izda. arriba); búho de bronce en Herald Square (izda. abajo).

EN EL TRONO

UN ASEO DE LUJO

Encontrar un aseo en la Gran Manzana es cuestión de azar. Pero, si necesitas uno, no hay lavabo público más lujoso que el del **Bryant Park.** En temporada alta, sus cisternas se descargan más de 3000 veces diarias. Aquí, tu trono de cerámica está rodeado de luz natural procedente de altas ventanas esmeriladas, y hay flores frescas, obras de arte y un asistente. Los sonidos al orinar y al lavarse las manos van acompañados de tenue música clásica de los altavoces.

Datos básicos

Año de construcción: **1869**

Cantidad de agua por descarga de cisterna: **de 89 a 177 ml**

Agua ahorrada al año: **946 300 l**

Datos básicos

Presupuesto anual en papel higiénico: **unos 30 000 US$**

Usuarios diarios: **unos 3000**

Número de lavabos públicos en Nueva York: **1100**

TODO AL POZO

En el Prospect Park hay otro histórico lavabo público: **el Wellhouse,** una de sus estructuras más antiguas, construida por los primeros diseñadores del parque. Recientemente se ha reformado con un toque moderno, y sus aseos son los primeros lavabos públicos compostables de la ciudad. No solo convierten los excrementos en compost con la ayuda de miles de gusanos, sino que su agua también se recicla para regar el parque. Una plataforma subterránea permite ver sus mecanismos.

***FOTOS:** el lujoso lavabo público del Bryant Park (arriba); el Wellhouse en un día de nieve (izda.).*

ENCUENTRA LAS DIFERENCIAS

Times Square es un sitio muy ajetreado. ¿Puedes encontrar las cinco diferencias entre estas dos imágenes? La solución, en la p. 140.

BROADWAY

新华通讯社
XINHUA NEWS AGENCY
SAMSUNG
NYPD POLICE
NEWSIES
ON BROADWAY
SONY

ENCUENTRA LAS DIFERENCIAS

La Estatua de la Libertad es un monumento admirable. ¿Puedes encontrar las cinco diferencias entre estas dos imágenes? La solución, en la p. 140.

ÍNDICE

WEBS Y CRÉDITOS FOTOGRÁFICOS

Cómo moverte por la ciudad (pp. 20-31)
Autoridad Metropolitana del Transporte (MTA): new.mta.info
Central Park Boathouse: centralparkboathouse.com
Ferri de Nueva York: ferry.nyc
Ferri de Staten Island: siferry.com
High Line: thehighline.org
Horario de autobuses de MTA: bustime.mta.info
Museo del Transporte Público: nytransitmuseum.org
Roosevelt Island Tram: rioc.ny.gov

Lugares divertidos (pp. 32-45)
Estadio de los Yankees: mlb.com/yankees
Intrepid Museum: intrepidmuseum.org
Jacob Riis Beach: riisbeach.nyc
Museo Infantil de Brooklyn: brooklynkids.org
Nets de Brooklyn: nba.com/nets
Parque de atracciones Deno's Wonder Wheel: denoswonderwheel.com
Salón de la Ciencia de Nueva York: nysci.org
US Open: usopen.org
Web oficial de Coney Island: coneyisland.com
Web oficial del Luna Park: lunaparknyc.com

¡Vaya vistas! (pp. 46-57)
Biblioteca Pública de Nueva York: nypl.org
Brooklyn Bridge Park: brooklynbridgepark.org
Ellis Island y Estatua de la Libertad: statueofliberty.org
Empire State: esbnyc.com
Grand Central: grandcentralterminal.com
Museo Americano de Historia Natural: amnh.org
Museo Metropolitano de Arte: metmuseum.org
One World Observatory: oneworldobservatory.com
Rockefeller Center: rockefellercenter.com

¡A comer! (pp. 58-69)
Chinatown Ice Cream Factory: chinatownicecreamfactory.com
Economy Candy: economycandy.com
Junior's: juniorscheesecake.com
Katz's Delicatessen: katzsdelicatessen.com
Lombardi's: firstpizza.com
Magnolia Bakery: magnoliabakery.com
Mercado de Essex: essexmarket.nyc
Mercado nocturno de Queens: queensnightmarket.com
Nathan's Famous: nathansfamous.com
Nom Wah: nomwah.com
Russ & Daughters: russanddaughters.com
Serendipity 3: serendipity3.com
Smorgasburg: smorgasburg.com
Street Vendor Project (Proyecto de Vendedores Ambulantes): streetvendor.org
Sylvia's: sylviasrestaurant.com
Veniero's: venieros.com
Zabar's: zabars.com

Todos a Broadway (pp. 70-81)
Distrito de los Teatros de Broadway: broadwaytheaterdistrict.com
Espectáculos de Broadway: broadway.com
Iglesia de la Trinidad: trinitywallstreet.org
Macy's: macys.com
Museo de Broadway: themuseumofbroadway.com
Museo de la Imagen en Movimiento: movingimage.org
Teatro SEA: teatrosea.org
Times Square: timessquarenyc.org

Caleidoscopio cultural (pp. 82-93)
Better Chinatown USA (Año Nuevo lunar): betterchinatown.com
Biblioteca Pública de Queens: queenslibrary.org
Desfile del Día Nacional de Puerto Rico: nprdpinc.org
Distrito de mejora empresarial (BID) de Chinatown: chinatown.nyc
Distrito de mejora empresarial (BID) de Little Italy, el Bronx: bronxlittleitaly.com
El Museo del Barrio: elmuseo.org
Endangered Language Alliance: elalliance.org
Flushing Town Hall: flushingtownhall.org
Museo de la Comida y la Bebida: mofad.org
Museo de Queens: queensmuseum.org
Museo Nacional del Indio Americano: americanindian.si.edu
Orgullo LGTBIQA+: nycpride.org
Tenement Museum: tenement.org

El lado más salvaje (pp. 94-105)
Acuario de Nueva York: nyaquarium.com
NYC Bird Alliance: nycaudubon.org
Wild Bird Fund: wildbirdfund.org
Zoo de Central Park: centralparkzoo.com
Zoo de Prospect Park: prospectparkzoo.com
Zoo de Queens: queenszoo.com
Zoo de Staten Island: statenislandzoo.org
Zoo del Bronx: bronxzoo.com

Nueva York verde (pp. 106-117)
Brooklyn Grange: brooklyngrangefarm.com
Central Park Conservancy: centralparknyc.org
Freshkills Park: freshkillspark.org
Governors Island: govisland.com
Granja Museo del Condado de Queens: queensfarm.org
Jardín Botánico de Brooklyn: bbg.org
Jardín Botánico de Nueva York: nybg.org
Jardín Botánico de Queens: queensbotanical.org
Little Island: littleisland.org
Mercados agrícolas: grownyc.org
Prospect Park: prospectpark.org

Secretos de la ciudad (pp. 118-129)
Tannen's Magic Shop: tannens.com

CRÉDITOS DE LAS FOTOGRAFÍAS
Ilustraciones © 2025 John Foster
8-9: Predrag Vuckovic/Getty Images / **12-13:** Tetra images/Getty Images / **13:** Alexander Spatari/Getty Images / **14:** Bokic Bojan/Shutterstock (Empire State); Fresh photos from all over the world/Getty Images (Broadway); Matteo Colombo/Getty Images (puente); © Guillaume Gaudet/Lonely Planet (Flatiron) / **15:** Gowri Vallaban Panneer Selvam/Getty Images (tigre); Pierre E. Debbas/Shutterstock (estadio); dszc/Getty Images (Central Park) / **16:** Alon Adika/Shutterstock / **18:** Image Source/Steve Prezant/Getty Images / **19:** CHNT/Shutterstock / **20-21:** PeskyMonkey/Getty Images / **22:** nyker/Shutterstock / **23:** Diego Grandi/Shutterstock / **24:** Michael Lee/Getty Images / **25-27:** oneinchpunch/Shutterstock (Grand Central); aluxum/Getty Images (Broadway) / **26:** © Marco Bottigelli/Getty Images / **28:** © Vincent Tullo/NYC & Company / **29:** The Curious Eye/Shutterstock (señal); pisaphotography/Shutterstock (High Line Park) / **30:** agsaz/Shutterstock / **31:** rmbarricarte/Getty Images (lago); Popova Valeriya/Shutterstock (rickshaw) / **32-33:** Juana Nunez/Shutterstock / **34:** Roy Rochlin/Getty Images (Domino Park Playground); Sergi Reboredo/Alamy Stock Photo (Seward Park) / **35:** Edd Westmacott/Alamy Stock Photo (tobogán); Robert Kneschke/Shutterstock (piratas) / **36:** Boaz Rottem/Alamy Stock Photo / **37:** Sergi Reboredo/Alamy Stock Photo (Maker Faire); EQRoy/Shutterstock (aviones) / **38-39:** Ryan McVay/Getty Images / **39:** Annalisa Cimmino/Getty Images / **40:** juliahenderson/Getty Images / **41:** Here Now/Shutterstock (playa); Jamie Grill/Getty Images (surferos) / **42:** Leonard Zhukovsky/Shutterstock / **43:** ExaMedia Photography/Shutterstock / **44:** Patrick Hatt/Shutterstock (bichos); Leonard Zhukovsky/Shutterstock (caballos) / **45:** Ritu Manoj Jethani/Shutterstock (pez); Martin LAW/Shutterstock (carrusel) / **46-47:** Alexander Prokopenko/Shutterstock / **48:** EXTREME-PHOTOGRAPHER/Getty Images / **49:** f11photo/Shutterstock (One World); Sean Pavone/Shutterstock (Top of the Rock) / **50:** Busakorn Pongparnit/Getty Images / **51:** Steve Cukrov/Shutterstock / **52:** Lucas Alvarez Canga/Shutterstock / **53:** Jeffrey Greenberg/Universal Images Group vía Getty Images / **54:** Wangkun Jia/Shutterstock / **55:** MACH Photos/Shutterstock / **56-57:** Matteo Colombo/Getty Images / **58-59:** Beverly Logan/Getty Images / **60:** Brent Hofacker/Shutterstock / **61:** DronG/Shutterstock (pollo); Michael Kraus/Shutterstock (batido) / **62:** BROOK PIFER/Getty Images / **63:** Liudmyla Chuhunova/Shutterstock (perritos calientes); pingpongcat/Shutterstock (*bagels*) / **64:** Stuart Monk/Shutterstock / **65:** Allen.G/Shutterstock (mercado); J. Lee-Jeffrey's

Photos/Shutterstock (sándwich BEC) / **66:** a katz/ Shutterstock (concurso perritos calientes); © Sivan Askayo/Lonely Planet (sándwich) / **67:** Here Now/ Shutterstock (Sylvia's); © Guillaume Gaudet/Lonely Planet (Nom Wah) / **68:** Michael Data/Shutterstock / **69:** Manu Padilla/Shutterstock (helado); Edward Westmacott/Alamy Stock Photo (golosinas) / **70-71:** Fresh photos from all over the world/Getty Images / **72-73:** Candy Kempsey/Shutterstock / **73:** Susan Law Cain/Shutterstock / **74:** focusstock/ Getty Images / **75:** SeanPavonePhoto/Getty Images (Columbus Circle); gary718/Shutterstock (panda) / **76:** Rolf E. Staerk/Shutterstock / **77:** travelview/ Shutterstock (Cloisters); © Guillaume Gaudet/Lonely Planet (Flatiron) /**78-79:** Luciano Mortula-LGM/ Shutterstock / **79:** Nancy Ann Ellis/Shutterstock / **80:** Africa Studio/Shutterstock / **81:** Everett Collection/Shutterstock / **82-83:** Trish Mayo/Getty Images / **84:** Joe Tabacca/Shutterstock / **85:** © Guillaume Gaudet/Lonely Planet / **86-87:** Stock Montage/Getty Images / **88:** Anthony Correia/ Shutterstock / **89:** agsaz/Shutterstock / **90:** Christina Horsten/picture alliance vía Getty Images / **91:** JOHANNES EISELE/AFP vía Getty Images (perro); lev radin/Shutterstock (desfile) / **92:** Steve Sanchez Photos/Shutterstock (desfile); Mihai_Andritoiu/ Shutterstock (dragón) / **93:** lazyllama/Shutterstock (Orgullo); Dariusz Gryczka/Shutterstock (corredores) / **94-95:** Radomir Rezny/Shutterstock / **96:** Mariusz Lopusiewicz/Shutterstock / **97:** Steve Ikeguchi/ Shutterstock (paloma); Mike Stobe/Getty Images (hawk) / **98:** slam Dogru/Anadolu Agency vía Getty Images / **99:** Little Vignettes Photo/Getty Images / **100-101:** shu2260/Shutterstock / **102:** Andrew Lichtenstein/Corbis vía Getty Images / **103:** rblfmr/Shutterstock (gato); Susan Watts/NY Daily News Archive vía Getty Images (halcón) / **104:** John A. Anderson/Shutterstock / **105:** Amy Lutz/ Shutterstock (mosca); kirill guzhvinsky/Shutterstock (cucaracha) / **106-107:** Jordi De Rueda Roigé/Alamy Stock Photo / **108-109:** Bluberries/Getty Images / **110:** George Wirt/Shutterstock / **111:** Michael Lee/ Getty Images / **112:** solepsizm/Shutterstock / **113:** Boogich/Getty Images / **114:** Richard Levine/Alamy Stock Photo / **115:** Larsek/Shutterstock (pájaro); Andriy Prokopenko/Getty Images (parque) / **116:** Gabby Jones/Bloomberg vía Getty Images / **117:** Little Vignettes Photo/Shutterstock / **118-119:** © Stefano Giovannini/Lonely Planet / **120:** Alexandre Tziripouloff/Shutterstock / **121:** travelview/ Shutterstock (estatua); © Stefano Giovannini/Lonely Planet (castillo) / **122:** RonGreer.Com/Shutterstock (metro); pisaphotography/Shutterstock (cartel) / **123:** T photography/Shutterstock (estatua); OscarDominguez/Shutterstock (lingotes) / **124:** Yuganov Konstantin/Shutterstock / **125:** Little Vignettes Photo/Shutterstock (jardín); Barry Winiker/ Getty Images (bosque) / **126:** Bruce Yuanyue Bi/ Getty Images (monumento); Little Vignettes Photo/ Shutterstock (restaurante) / **127:** Leonard Zhukovsky/ Shutterstock (edificios); quiggyt4/Shutterstock (mago) / **128:** Roy Rochlin/Getty Images / **129:** DON EMMERT/AFP vía Getty Images / **130:** Luciano Mortula-LGM/Shutterstock / **132:** OlegAlbinsky/Getty Images / **141:** Lee O/Shutterstock

SOLUCIÓN A ENCUENTRA LAS DIFERENCIAS

Central Park
recibe más de
40 millones de
visitantes anuales.

85